SYMPOSIUM
INTERNATIONAL
SUR L'AVENIR
DU NORD
QUÉBÉCOIS

INTERNATIONAL
SYMPOSIUM
ON THE FUTURE
OF NORTHERN
QUEBEC

L'AVENIR DU NORD QUÉBÉCOIS

THE FUTURE OF NORTHERN QUEBEC

L'AVENIR DU NORD QUÉBÉCOIS

THE FUTURE OF NORTHERN QUEBEC

ACTES DU SYMPOSIUM INTERNATIONAL SUR L'AVENIR DU NORD QUÉBÉCOIS TENU LES 19, 20 ET 21 NOVEMBRE 1987 À AMOS, QUÉBEC

PROCEEDINGS OF THE INTERNATIONAL SYMPOSIUM ON THE FUTURE OF NORTHERN QUEBEC HELD IN AMOS, QUEBEC ON NOVEMBER 19 - 21, 1987

Directeurs/Editors:

Louis-Edmond Hamelin
et Micheline Potvin

Comité d'édition/Editorial Committee

Hervé CHATAGNIER	Ministère de l'Environnement
Michel CÔTÉ	CRSSS de l'Abitibi-Témiscamingue
Johanne DE VILLERS	Hydro-Québec, région La Grande
Christian DUBOIS	Office de Planification et de Développement du Québec, Abitibi-Témiscamingue
Lucie GAGNÉ	Hydro-Québec, région La Grande
Louis-Edmond HAMELIN	Président d'honneur, Symposium
Micheline POTVIN	Université du Québec en Abitibi-Témiscamingue

 Presses de l'Université du Québec

L'Université du Québec en Abitibi-Témiscamingue (UQAT) en collaboration avec la Société de développement de la Baie James (SDBJ) et Hydro-Québec (région La Grande) a organisé un symposium sur l'avenir du Nord québécois.

Les textes et renseignements contenus dans le présent document sont publiés tels qu'ils ont été présentés par les conférenciers à l'occasion du symposium. Nous n'avons aucunement modifié les documents, sauf dans le cas d'erreurs ou d'anomalies évidentes, ou encore pour des raisons de facilité de lecture. Toutes les déclarations et opinions paraissant dans ce rapport sont celles des conférenciers; elles ne sont ni approuvées ni rejetées par les directeurs ou les Presses de l'Université du Québec.

Nous remercions l'Université du Québec en Abitibi-Témiscamingue, l'Hydro-Québec, région La Grande et tout particulièrement l'**Office de planification et de développement du Québec** pour leur contribution financière à la réalisation du présent livre.

Parrainage:　**Laurent Levasseur**, Société de développement de la Baie James
Pierre Nadeau, Hydro-Québec, région La Grande
Rémy Trudel, Université du Québec en Abitibi-Témiscamingue

ISBN 2-7605-0502-2

Tous droits de reproduction, de traduction et d'adaptation réservés © 1989
Presses de l'Université du Québec
Case postale 250, Sillery, Québec　G1T 2R1

Dépôt légal — 1er trimestre 1989
Bibliothèque nationale du Québec
Bibliothèque nationale du Canada
Imprimé au Canada

Valeur nordique zonale de plusieurs centres canadiens

Zone de vue du nord au sud	Latitudes des zones au 100° degré de longitude	Lieux zonaux (ou azonaux) par tranche de nordicité	VAPO (valeurs polaires)
Extrême nord	90°	Pôle nord	1 000
	du 79° au 70°	Isachsen, TNO	925
		Pôle magnétique, TNO	884
		Alert, TNO	878
		Winter Harbour, TNO	865
		A. Keewatin int., TNO	862
		Eureka, TNO	857
		St-Elias, Y	856
		Cercle arctique au 104 long., TNO	848
		Sommet au 66° lat., Y	821
		Keewatin intérieur, TNO	812
		Barnes (calotte), TNO	804
Grand Nord	du 69° au 58°	Padlei, TNO	782
		Resolute, TNO	775
		Sachs Harbour, TNO	764
		Pelly Bay, TNO	760
		Igloolik, TNO	755
		Pond Inlet, TNO	712
		Cambridge, TNO	690
		Coral Harbour, TNO	662
		Saglouc, Q	657
		Payne (lac), Q	642
		Fort Reliance, TNO	625
		Old Crow, Y	624
		Mer d'Hudson (centre)	622
		Grand lac de l'Ours, TNO	600
		Rankin Inlet, TNO	594
		Port Burwell, TNO	591
		Bienville (lac), Q	587
		Frobisher Bay, TNO	584
		Mushuau Nipi (George), Q	546
		La-Grande-Rivière-4, Q	545
		Inoucdjouac, Q	545
		Arrière Schefferville, Q	539
		Nitchequon, Q	525
		Belcher, TNO	521
		La-Grande-Rivière-2, Q	520
		Fort Good Hope, TNO	519
		A. Riv-de-la-Paix, A	517
		Reindeer Lake, S	515
		Aklavik, TNO	511
		Cord. més. (sommet), CB	507
		Puvirnituq (Povungnituk), Q	502
Moyen Nord	du 57° au 52°	Némiscau, Q	499
		Lat. 51.30, Long. 84.30, O	476
		Long Range, TNL	474
		Lat, 51.30, Long. 86.30, O	467
		Chimo, Q	459
		Kluane L., Y	457
		Churchill., M	450
		Lansdowne House, O	450
		Ghost River, O	450
		A. Prince Albert, S	443
		Fort Liard, TNO	441
		Nain, TNL	440
		Winisk, O	435
		Dawson City, Y	435
		Lat, 50.30, Long. 85.30, O	435
		Churchill Falls, TNL	432

Valeur nordique zonale
de plusieurs centres canadiens

Zone de vue du nord au sud	Latitudes des zones au 100° degré de longitude	Lieux zonaux (ou azonaux) par tranche de nordicité	VAPO (valeurs polaires)
Moyen Nord	90°	Pôle nord	1 000
		Arrière Sept-Iles, Q	421
		Poste-de la Baleine, Q	414
		Wemindji, Q	413
		Eastmain, Q	403
		Uranium City, S	396
		Yellowknife, TNO	390
		Arrière Laurentides centrales, Q	979
		Watson L., Y	379
		Fort Simpson, TNO	377
		Cassiar, CB	377
		Lat. 49.30, Long. 80.30, O	373
		Battle Harbour, TNL	365
		St-Augustin, Q	346
		Fort Smith, TNO	343
		La Ronge, S	340
		Fort George, Q	338
		Gillam, M	337
		Ranoke, O	331
		Lat. 48.30, Long. 57.30, TNL	330
		Fort Rupert, O	329
		Attawapiskat, O	328
		Hay River, TNO	320
		Finlay Forks, CB	311
		Lynn Lake, M	306
		Lat. 51.30,	
		Mer du Labrador	397
		Schefferville, Q	395
		Natashquan, Q	395
		Saint-Lunaire, TNL	286
		Mingan, Q	285
		Anticosti, Q	284
		Whitehorse, Y	283
		Mistassini, Q	282
		Fort Nelson, CB	282
		Gagnon, Q	277
		Fort Vermilion, A	273
		Moosonee, O	270
		Thompson, M	258
		Détroit de Belle Isle	254
		Athabasca, A	247
		Petit lac des Esclaves, A	241
		Golf du Saint-Laurent (NE), Canada	238
		Moyenne Côte-Nord (hors villes), Q	225
		Narcisse, M	224
		Réservoir Gouin, Q	222
		Red Lake, O	220
		Riv.-de-la-Paix, A	218
		Goose Bay, TNL	218
		Lat. 49.30, Long. 54.30, TNL	216
		Havre-Saint-Pierre, Q	213
Pré Nord (au sud du Nord proprement dit) et régions associées	vers le 51°	Grande Prairie, A	198
		Détroit d'Honguedo	194
		Fort McMurray, A	192
		Golfe du St-Laurent (centre sud)	187
		Le Pas, M	185
		Fort St. John, CB	183
		Prince Albert, S	178
		Murdochville, Q	175
		Plate Cove, TNL	175

Valeur nordique zonale
de plusieurs centres canadiens

Zone de vue du nord au sud	Latitudes des zones au 100° degré de longitude	Lieux zonaux (ou azonaux) par tranche de nordicité	VAPO (valeurs polaires)
Pré Nord (au sud du Nord proprement dit) et régions associées	90°	Pôle nord	1 000
		Chibougamou, Q	151
		Matagami, Q	145
		Cochrane, O	137
		Sept-Iles, Q	133
		Edmonton, A	125
		Grand Falls, TNL	120
		Kenora, O	117
		Atikokan, O	117
		Saskatoon, S	116
		St. John's TNL	115
		Rouyn-Noranda, O	113
		Winnipeg, M	11
		Iles-de-la-Madeleine, Q	110
		Régina, S	107
		Lac Saint-Jean, Q	101
		Kitimat, CB	98
		Madawaska, NB	95
		Calgary, A	94
		Ile-du-Prince-Edouard (village)	94
		Prince Rupert, CB	89
		Rrince George, CB	80
		Abitibi Agricole, Q	80
		Thunder Bay, O	77
		Matheson, O	77
		Timmins, O	64

Note- La limite méridionale du Nord correspond à l'isoligne de 200 VAP
À la même échelle, Sault-Sainte-Marie aurait 59 VAPO, Moncton 54, Montréal 45, Halifax 43 et Vancouver 35
« A » indique arrière: lieu isolé situé à 40 km de la localité mentionnée.
Établi d'après l'indice nordique présenté au troisième chapitre.

LE DÉVELOPPEMENT DU NORD DU QUÉBEC: UN DÉFI POUR LES VINGT PROCHAINES ANNÉES

RÉMY TRUDEL

RECTEUR,
UNIVERSITÉ DU QUÉBEC
EN ABITIBI-TÉMISCAMINGUE

Le Québec, selon ses traits dominants, est une société nordique.

Le Nord québécois, c'est un espace géographique approximativement délimité par le 50e parallèle, qui couvre les deux tiers de la superficie du Québec mais ne regroupe qu'un demi pour cent de sa population. Le territoire peut être subdivisé en deux zones: le Moyen Nord, qui jouxte la société du Sud et s'étend du 50e au 55e parallèle, et le Grand Nord, qui commence au-delà et va jusqu'à la pointe extrême des terres bornées par le détroit d'Hudson. Les caractéristiques des deux zones sont en bonne partie similaires, mais s'accentuent, au fur et à mesure que l'on s'éloigne du Sud.

La rigueur des conditions biophysiques du milieu façonne tout le développement socio-économique du Nord: populations peu nombreuses et dispersées, comptant une forte proportion d'autochtones; rareté des moyens d'accès et énormité des distances à parcourir, ce qui influe sur la cherté de l'aménagement et des services, et sur leur qualité. Le Nord québécois, jusqu'à tout récemment et pour une grande part encore aujourd'hui, présente toutes les caractéristiques d'une société dite "sous-développée": importance de l'économie de subsistance; faible niveau des revenus; haut degré de natalité et problèmes de santé; forte influence de la métropole sur les processus de décisions et le devenir des institutions locales. Mais il faut se garder d'avoir une image fixiste du Nord. Il y a là un territoire et une société qui sont globalement en train de changer. L'intensité et la complexité des phénomènes de changement apparus et déjà prévisibles des prochaines décennies peuvent d'ailleurs être considérées comme la caractéristique principale de l'espace et de la société nordique dans le Québec d'aujourd'hui.

L'ÉVOLUTION RÉCENTE DU NORD

Pendant des millénaires, le Nord a été la terre des autochtones. Au cours des derniers siècles sont apparus quelques Blancs venus du Sud, explorateurs, missionnaires, suivis par des commerçants et, à la période plus récente, par les fonctionnaires, les prospecteurs et les scientifiques. Le Nord, pour les gens du Sud, a été et reste encore un lieu de passage.

Il y a vingt ans encore, le territoire de la Baie James constituait pour le Québec une région inconnue. Depuis lors, on y a exécuté une telle masse d'inventaires et d'études que la région, dans ses caractéristiques de base, constitue sans doute celle qui est la mieux connue de tout notre territoire. Cet effort d'étude a pris corps pour appuyer un projet de développement technologique qui, en terme d'ampleur et de portée, trouve peu d'équivalent dans le monde. Durant les deux dernières décennies et les deux prochaines, environ 55 milliards de dollars auront été investis pour l'exploitation des ressources hydro-électriques du Nord québécois.

En brossant un bref historique du développement du Nord québécois au cours de la période récente, on peut noter qu'avant la Deuxième Guerre mondiale le territoire a été peu exploré par les non-autochtones sinon à l'occasion de certaines expéditions isolées, que les premiers développements y surviennent après les années 40 avec les travaux de recherche technique reliés à la défense, l'exécution de relevés géologiques, l'exploitation de gisements miniers dans le Nord de l'Abitibi, le Nouveau-Québec, l'Ungava et le harnachement des premières rivières.

Le gouvernement du Québec étant à peu près absent du territoire jusqu'au début des années 60, la communauté nordique de l'époque est soumise à l'influence pan-canadienne. Le Québec d'alors n'a à peu près pas de tradition ni d'expertise en affaires nordiques, si ce n'est par le petit nombre de chercheurs universitaires ayant commencé à séjourner sur le territoire dans la période d'après-guerre. On raconte que peu avant la création de la Direction générale du Nouveau-Québec en 1963, l'un des rares ministres à s'intéresser au dossier du Nord s'était donné comme priorité de remplacer les noms de villages d'origine inuk par des patronymes catholiques. Autre événement révélateur: le gouvernement québécois élu en 1966 avait à son programme la création d'un ministère du Nord; pourtant en 1968, c'est à une mission de chercheurs français qu'il fait appel pour élaborer un programme de développement du Nouveau-Québec.

Les années 70 et 80 n'en seront pas moins pour la communauté québécoise francophone une période de prise de contact, de développement d'expertise et d'organisation sur tout ce qui concerne les affaires nordiques. Au moment où les grands projets d'exploitation des ressources seront amorcés, en 1971, le Québec pourra compter sur quelques compétences d'ores et déjà en place pour activer son engagement dans le Nord: des services gouvernementaux ayant acquis un certain rythme de croisière, sous l'impulsion de la Direction générale du Nouveau-Québec; une entreprise parapublique, Hydro-Québec, qui a déjà développé son savoir-faire en ce qui a trait aux travaux d'exploitation des ressources en milieu nordique; une recherche scientifique qui a dépassé maintenant le stade du bourgeonnement et qui peut offrir maintes contributions utiles à la planification et à la réalisation ordonnée des grands projets de développement.

Par ailleurs, la région limitrophe de l'Abitibi-Témiscamingue a développé depuis quelques années un intérêt fort marqué pour la mise en valeur du Nord québécois à partir des forces réelles et de l'expertise qu'elle recèle déjà, en plus de tabler sur un renforcement de son armature sociale et économique pour accélérer cette mise en valeur.

À l'heure de cet intérêt renouvelé pour les questions nordiques en Abitibi-Témiscamingue, la motivation de l'État québécois pour le développement nordique et son encadrement politico-administratif connaît à la fois une certaine stagnation sous certains aspects et un net regain sous d'autres aspects. À cet égard, la Convention de la Baie James, la reprise de travaux de harnachement du pouvoir hydro-électrique, la création de la Société Eyou, les ententes complémentaires avec des populations autochtones du territoire de la baie James, les intentions de réactivation de la SDBJ et la réflexion sur la création d'un ministère des Affaires du Nord sont autant d'exemples qui incitent l'Abitibi-Témiscamingue, comme société nordique, à réfléchir sur une approche et sur sa volonté d'être un élément moteur dans la mise en valeur de l'immense territoire que constitue le nord du Québec, le bassin de la baie James en particulier.

L'effervescence pour la question nordique au Québec a conduit quatre organismes de la région, l'Université du Québec en Abitibi-Témiscamingue, la Municipalité de la Baie James, la Société de Développement de la Baie James et l'Hydro-Québec (région La Grande) à joindre leurs efforts pour intensifier une réflexion prospective sur la mise en valeur des deux tiers de la superficie du Québec.

Une des premières réflexions à retenir après cette constatation d'intérêt pour la nordicité en Abitibi-Témicamingue, c'est la connaissance relativement pauvre du territoire nordique, de ses possibilités pour l'avenir et surtout l'intérêt mitigé pour les régions limitrophes dans toute perspective de mise en valeur des ressources nordiques.

À cet égard, quelques intervenants plus actifs dans les questions nordiques ont cru que nous devions maintenant passer à une étape de sensibilisation plus large desTémiscabitibiens aux réalités nordiques. L'objectif premier a été d'en arriver dans tous les milieux actifs ou potentiellement en voie de l'être à se donner en tant que région une vision plus large du développement nordique, à la lumière de l'expérience canadienne et internationale en pareille matière.

Dans ce contexte, l'organisation d'un symposium autour des voies de développement du Nord québécois était de nature à enclencher une réflexion et une action multiplicatrices auprès des personnes et organismes concernés.L'objectif général d'un tel symposium était donc de se donner régionalement un ordre de référence permettant de définir une approche renouvelée de ce développement du Nord du Québec, dans le respect de l'environnement et des ethnies.

Plus spécifiquement, la rencontre d'experts nationaux et internationaux à Amos les 20 et 21 novembre 1987 devait contribuer à intéresser au développement hydro-électrique, minier et forestier, à activer la recherche d'avenues favorables au partnership multi-ethnique et à intensifier la réflexion sur ce que devrait être une gestion cohérente du développement nordique, dans le respect de l'environnement du Nord.

Ce symposium, qui a fait appel aux connaissances de pays dont l'expertise nordique est reconnue (U.R.S.S., Suède, Norvège, Yukon et autres provinces canadiennes), était aussi largement ouvert aux scientifiques de toute la communauté québécoise des nordistes.

Pour l'Université du Québec en Abitibi-Témiscamingue, située dans cette région nordique, ce symposium était au coeur de sa mission fondamentale de conservation, de transmission et d'accroissement du savoir. Plus spécifiquement, dans le prolongement de son engagement pour la connaissance de son milieu d'insertion et la formation des ressources humaines indispensables à l'auto-développement économique, social et culturel de ce milieu.

La mission et le rôle d'une université située en région périphérique, comme instrument de recherche et de formation, se réalisaient donc à travers une telle entreprise de nordication. Cette vaste opération devait se prolonger par l'appropriation d'une approche renouvelée pour le développement du Nord du Québec, dans le respect de l'environnement et des ethnies côtoyant le territoire.

TABLE DES MATIÈRES

CHAPITRE II

LE DÉVELOPPEMENT DU TERRITOIRE DANS UN ESPRIT MULTI-ETHNIQUE

Présidents: Laurent Levasseur, président, Société de développement de la Baie James et Andrew Moar, directeur général de la Société de développement autochtone de la Baie James

XX

ALLOCUTION D'OUVERTURE

EN VUE D'UN NORDISME RAISONNABLE

LOUIS-EDMOND HAMELIN

GÉOGRAPHE
PRÉSIDENT D'HONNEUR DU SYMPOSIUM

Dans *Le Grand Robert* (Paris, 1985), le nordisme est défini comme "l'ensemble des attitudes mentales ou des activités exprimant un engagement en faveur du Nord". En soi, ce mouvement dans les esprits ou dans les oeuvres n'est ni bon ni mauvais. Aussi, tous les degrés de nordisme se sont-ils retrouvés dans l'une ou l'autre des aventures religieuses, éducatives, administratives, économiques et littéraires dont les vastes territoires nordiques du Canada ont été l'objet. Les interventions se rattachent à deux plans opposés dans le langage: le mental et le factuel, l'imaginaire et le réel, les idées pures et la pratique, la fiction et le concret. Étant donné que la réflexion doit précéder l'action, nous nous attarderons aux aspects mentaux de ce binôme, du moins à certains d'entre eux. C'est lors de cette étape d'analyse abstraite, préalable à la réalisation de gestes concrets, qu'il est possible d' identifier les formules les plus raisonnables du développement futur; ces efforts intellectuels sont, en outre, moins coûteux que les pratiques improvisées et empiriques. La quête du quoi et du comment faire, antérieure au faire proprement dit, est bien rendue par le logo du symposium, un OEIL.

ÉVOLUTION PERCEPTUELLE

The Canadian North (Near North excluded) has known at least five developmental southern visions since Martin Frobisher's mining projects of the 16th century!

a) An initial period of optimism based on the hope of discovering a North-west Passage ended when that proved unprofitable;

b) The resulting view, that the North was almost totally useless, led to suggestions that nordic lands should be sold or given away. During the Two World Wars, the boreal expansion of agriculture has stopped;

c) A more recent political perception is of the North as an unlimited reservoir of natural resources;

d) Again an ideology of nondevelopment known by the metaphorical slogan "Freeze the Arctic";

e) Finally, the objective of integrated planning that intended to respect all nordic cultures.

Un tel rappel séculaire montre que la nordicité mentale évolue, par soubresauts, vers un niveau supérieur à ce qu'elle fut. Même si l'idée de "Nord" progresse lentement et enregistre des reculs, elle a commencé à se faire un nid dans les mentalités des Sudistes. Des événements ont accentué le virage vers un concept de nordicité plus acceptable. Au nombre des facteurs, en partie issus de l'extérieur, s'est trouvé, en 1973, l'effet combiné sur les politiciens et l'opinion publique de trois causes juridiques: l'aménagement hydro-électrique du Moyen Nord québécois, le Caveat du Mackenzie (suivi de l'Enquête Berger) et le cas Calder en Colombie-Britannique. Depuis, la majorité des concepts utilisés dans le traitement des dossiers ont été modifiés. Au Canada, des ajustements apparaissent dans divers domaines: terres autochtones (1975, 1978), technologies méga-développementales (Nanisivik), pratiques administratives (dévolution), gouvernements régionaux, écologie (études d'impact, suivi de projets), programmes éducatifs plus respectueux des cultures locales, meilleure articulation des deux Territoires dans les politiques nationales, présence des autochtones dans la Constitution, conscience de la souveraineté dans le Grand Cône (Archipel arctique) et pluri-utilisation des ressources.

Le mouvement de bonification demeure toutefois dans un état d'inachèvement, car la majorité des "Canadiens n'ont pas reconnu qu'ils sont essentiellement un peuple du Nord" (Zaslow, 1971). À vrai dire, la lente nordication est tributaire du faible engagement des citoyens. De plus, l'idéologie apparaît comme trop influencée par le "comment faire" à court terme plutôt que par le "quoi faire" à moyen et long terme. Électoralement, la nordicité acceptée n'est que la nordicité acceptable par le plus grand nombre; or, la majorité de la population du Sud connaît mal le Nord; les gens du sud devraient donc bénéficier d'une éducation populaire nordique.

NORDICITÉ NORMATIVE

In managing the North, one must have a set of basic objectives expressing a philosophy of life, a northernness of mind. Indeed, there is a close relationship between an attitude attuned to each region of the North and any development. According to certain authors, Canada as a whole refuses to admit its own basic northern characteristics. As a result, un-northern structures are built up in the most developed parts of the country, near the United States. Subsequently, when this southern administrative culture is transplanted, as it is into the North, the gap between reality and the means employed to deal with it is further increased. We must recognize the importance of ideology in the mentality of northerners. One could use the title of the Berger Report (1977) to define two types of northern individuals: those who live in the North as a "homeland" and those who still see it as a "money frontier".

The term "northernization" refers to the increasing adjustment of concepts and actions to the North. Better linkage between perception and reality would render the management of the North more responsible, more responsive and more representative. Greater mental northernization would also lead to an assessment of programs and activities using pertinent criteria.

However, prior theoretical discussion is not favoured by everyone; there are those who ask for solving concrete problems, grasping the opportunities and taking immediate action.

Le mot nordicité (1965) renvoie à la qualité même de "nord" dans un territoire, une activité singulière, une notion, une population, des institutions...; le sens commun ferait reconnaître que la nordicité du Haut Arctique est élevée, c'est l'évidence. L'état de nord touche aussi bien les choses que les mentalités; un Sudiste qui n'aurait jamais fait d'efforts pour comprendre les régions froides de hautes latitudes ne devrait guère parler d'autorité! Ce concept exprime en lui-même des degrés, des niveaux, des qualités de nord différents.

Afin d'établir et d'évaluer les divers échelons de la nordicité mentale, il faut des points de repère, des barèmes acceptables, à défaut de normes bien établies et officialisées. Le Canada qui a si longuement improvisé ses attitudes à l'endroit du Nord, attitudes peu soumises à la critique et issues de la bourgeoisie d'affaires du Sud urbain, se trouve naturellement loin de l'élaboration d'une nordicité normative. Il faut admettre aussi que les orientations à définir semblent relatives: ceux pour qui "les autochtones n'ont pas de droits" ne sauraient envisager les règles que réclament ceux qui croient le contraire (option conforme au contenu des Chartes).

Voici quatre objectifs proposés:
a) Le premier se rapporte au respect culturel du Nord. En principe, cette exigence n'a pas de limites et devrait pénétrer tous les domaines. Un Autochtone ne constitue pas d'abord un individu à assimiler, un trappeur d'animaux à fourrures ou un pensionné de l'État. Ce respect devrait conduire à sa vraie participation au développement multi-ethnique.
b) Respect écologique. La surface nordique, terrestre ou hydrographique, de même que les couches aériennes, présentent d'autres traits que celles de la zone tempérée. On ne peut transférer, du sud au nord, telles quelles, la plupart des pratiques d'exploitation; il a été, par exemple, désastreux de chauffer les sous-sols des édifices installés dans des aires pergélisolées. Le Nord n'est pas qu'un simple prolongement des milieux du Sud. Le principe d'ajustement à la "terre"

nordique, basé sur des inventaires savants et répétés, doit toucher tous les intéressés: public, travailleurs des chantiers, touristes, décideurs, bureaucrates... et même les autochtones.

c)   Respect de la régionalité. L'idéal serait de rendre interdépendantes les principales entités du Nord au lieu de permettre que des aires momentanément avantagées soient soumises à un consortium puissant du Sud ou de l'étranger. Le principe de régionalité ferait éviter de créer ou d'accentuer des disparités aréales dont les tentatives de correction après coup s'avèrent fort coûteuses et peu efficaces.

d)   Un autre but touche le Canada comme ensemble. À partir du moment où le Nord fera vraiment partie des préoccupations du pays, les affaires pan-canadiennes ne pourront plus être décidées par les seuls citoyens du Canada d'en bas. On en arrivera à vivre un "national" (le tout d'un pays) qui aura cessé d'être le seul "principal" (le Sud où la majorité de la population électorale est centralisée).

OPTIONS PRINCIPALES DE DÉVELOPPEMENT

On a beaucoup écrit sur ce sujet. Par exemple, le Comité nordique du Conseil des sciences du Canada (1976) a déjà identifié cinq groupes de problèmes: technologiques, écologiques, sociaux, économiques, politiques; les auteurs auraient pu ajouter les questions régionales et culturelles. En U.R.S.S., une abondante littérature traite du développement polaire où le concept de base s'exprime dans un "système territorial de production", comprenant lui-même des sous-systèmes également déclarés comme intégrés.

Nous entendons par "développement", un mouvement élargi qui ne saurait se confondre avec l'économie ou la simple croissance des affaires, même lorsque les promoteurs en arrivent à se préoccuper des impacts de leurs chantiers. Le vrai développement est total au plan thématique et propre au plan moral. En fait, faire du développement, c'est aller jusqu'à redéfinir un pays, car c'est influencer la spécificité de ses régions constituantes. Il s'agit donc d'un acte politique, même s'il n'est pas toujours vu ou voulu comme tel.

Une telle perspective peut aider au choix du modèle de développement qui conviendrait le mieux, qui serait le plus raisonnable, acceptable, cohérent et bénéfique pour l'ensemble de la nation. Une liste très écourtée d'options, vues à partir des agents de développement, en contient trois.

Une première option consisterait à continuer la démarche d'hier; elle reposait dans les mains de gens entreprenants alors que l'État les laissait presque faire. Si cette pionniérisation a eu plusieurs résultats bénéfiques, elle a installé une production monofonctionnelle en de nombreux sites et établi une situation d'hinterland nordique dominé; en conséquence, le rythme de croissance s'est déroulé en dent de scie. Le Yukon après l'or, Rankin après le nickel et Schefferville après le fer ont goûté à cette stratégie. D'autres manières d'agir dans le Nord semblent donc souhaitables.

La deuxième option serait celle de l'État. En principe, les degrés de l'action étatique peuvent être l'objet d'une amplitude fort grande entre le simple fait d'exercer un coup de pouce localement et le contrôle absolu de l'économie politique. Même au Québec, le passé a connu toutes sortes d'interventions à partir du pragmatisme le plus détaché (vers 1935, refus de payer une modeste facture de secours aux Inuit) jusqu'à des engagements très déterminants (colonisation dirigée en Abitibi dans la décennie 1930; grandes centrales du Moyen Nord; Convention de 1975). Puisque les préoccupations théoriques et pratiques des États polaires ont fait naître de nombreuses études, nous nous en tiendrons à rappeler la logique d'une intervention du pouvoir politique dans la mise en valeur des deux tiers du territoire québécois. On ne peut s'en remettre au hasard ou à la piètre nordicité de Sudistes ambitieux, surtout à l'intérieur des terres conventionnées. La présence active de l'État devrait se faire voir d'abord dans l'établissement d'une politique nordique de base, en collaboration avec tous les intéressés. Le concours de l'État est nécessaire pour l'entrée du Nord dans la conscience de plus de citoyens. Le gouvernement doit accepter une responsabilité boréale pan-québécoise; de même, il a à offrir des outils appropriés concernant les plans structurel (un ministère?) et décisionnel (décentralisation); il pourrait même envisager des interventions directes. Ainsi, le développement serait moins menacé d'être provisoire et mal régionalisé. Un empire nordique, caractérisé par des contraintes naturelles, un nombre faible de résidants et une insuffisance d'infrastructures pourrait-il atteindre un niveau raisonnable de développement sans la nordicité mentale et agissante de l'État?

La troisième option, celle-là même qui pourrait sortir des délibérations de ce symposium, renvoie à une image de développement intégré, équilibré entre l'économie privée et l'économie publique, entre les cultures dominantes du Sud et les cultures renaissantes du Nord. Elle se nourrit de nordicité normative. En pratique, elle proposerait la solution de maints problèmes en prévoyant dans les localités frontières une base polyfonctionnelle (par exemple, forêt, faune, mines, énergie, tourisme, en collaboration avec les autochtones) et, au Québec, en reconnaissant un rôle privilégié aux portes du Nord: Côte-Nord, Saguenay-Lac Saint-Jean, Abitibi-Témiscamingue dans le développement du Moyen Nord et du Grand Nord. Cette troisième voie comprend à elle seule plusieurs approches. L'espoir qu'elle soulève devrait logiquement être source d'optimisme dans l'action, même si cette action risque d'être lente.

CONCLUSION

Le Nord du Québec, habité depuis des millénaires, vient de connaître une résurrection par l'installation des grandes centrales de l'Hydro-Québec et par la Convention Canada-Québec-Autochtones de 1975. Ce Nord marche maintenant à grands pas; en tous domaines, Sud et Nord doivent s'ajuster. Même la situation des animaux sauvages s'est modifiée au point que caribous, ours blancs et oies se promènent maintenant avec leurs "radios", ces émetteurs installés par les biologistes permettant de suivre leurs comportements à distance. Ce symbole de modernité devrait inciter la population laurentienne à améliorer sa nordicité mentale. Les Sudistes ont encore à apprendre beaucoup du Nord, par le Nord lui-même et par la réflexion personnelle. N'est-ce pas de l'intérieur que l'Inuit construit son igloo, mais avec une assistance de l'extérieur?

Par la suite, il faudrait établir en commun les objectifs, les plans, en vue du développement nordique le plus harmonieux, acceptable et raisonnable possible. Au Canada et au Québec, on serait alors prêt à s'engager dans tous les types de projets, modestes ou gigantesques.

LIMITES APPROXIMATIVES DES ZONES
GÉOGRAPHIQUES DU QUÉBEC-LABRADOR

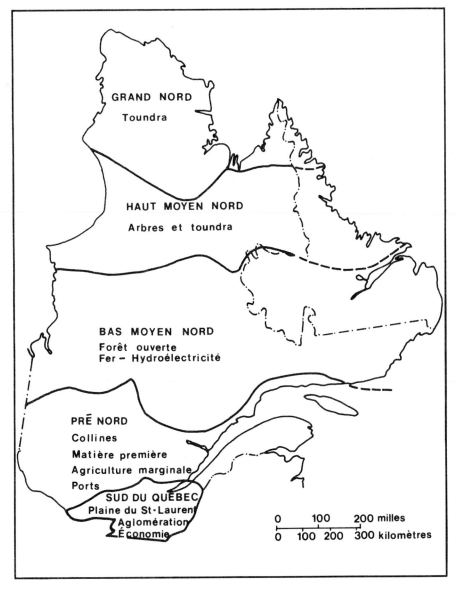

La partie ouest a été "conventionnée" en 1975.
La notion "Québec méridional" regroupe le Sud du Québec et le Pré Nord.

9

Arctic Institute of North America, *Arctic.* (Montréal), Calgary, 1948-1987.

Berger, Th., *Nord: Terre lointaine, Terre ancestrale.* Ottawa, Information Canada, 1977, 2 vol. Également en anglais.

Bourassa, Robert, *L'énergie du Nord.* Montréal, Québec, 1985. Également en anglais.

Canada, *Perspective boréale. Une stratégie et une politique scientifique pour l'essor du Nord canadien.* Ottawa, 1977, Conseil des Sciences, rapport no 26. Également en anglais.

Canada, *Le Canada et la science polaire.* Ottawa, 1987. Également en anglais.

Duhaime, G., *Le Pays des Inuit.* Québec, Université Laval, 1987. (Sociologie).

Hamelin, L.-E., *Nordicité canadienne.* Montréal, HMH, 1980 (2e éd.). Également en anglais.

Institut d'administration publique du Canada, *La gestion du Nord canadien. Managing Canada's North.* Toronto, Int. Adm. Pub., 1984.

I.Q.R.C., Cultures... autochtones du Québec. (Bibliographie.) Québec, 1985. Dominique et J.-G. Deschênes.

Moussally-Sergieh, F., *Les contraintes au développement du Moyen-Nord québécois.* Chicoutimi, 1977 (thèse, Neuchatel, Suisse).

Nordic Association for Canadian Studies, *Le Canada et les Pays nordiques.* Lund, Suède. Résumés, 1987, Actes, vol I, 1988.

Québec, *La Convention de la Baie James et du Nord québécois.* Québec, Éditeur officiel, 1978 (entente, 1975). Également en anglais.

Québec, *Le Nord du Québec, profil régional.* Québec, 1983 (O.P.D.Q.).

Québec, *La planification et le développement des villes minières au Canada.* Québec, O.P.D.Q., Nord-du-Québec, 1984-1987.

Rapport annuel. Comité consultatif pour l'environnement de la Baie James. Depuis 1978.

Recherches amérindiennes au Québec. Montréal. Depuis 1971.

S.D.B.J., *Le tandem S.D.B.J./M.B.J.* Matagami, 1987.

S.E.B.J., *Le complexe hydroélectrique de La Grande Rivière.* Montréal, S.E.B.J., 1987.

Université Laval, *Études/Inuit/Studies.* Québec. Depuis 1976.

URSS, *Geography of Polar Countries.* Leningrad, 1976 (Extended Summaries).

Wonders, W.C., *The Arctic Circle.* Toronto, Longman, 1976.

Zaslow, M., *The Opening of the Canadian North.* Toronto, McC and S, 1971.

CHAPITRE I

LE DÉVELOPPEMENT
SOCIO-ÉCONOMIQUE

PROBLÉMATIQUE
DU DÉVELOPPEMENT
DES ÉCONOMIES DU NORD

GEORGES FRÉLASTRE

PROFESSEUR À LA FACULTÉ DES SCIENCES
ÉCONOMIQUES DE CLERMONT-FERRAND
ET MEMBRE DU CERDI
(CENTRE D'ÉTUDES ET DE RECHERCHES SUR LE
DÉVELOPPEMENT INTERNATIONAL)

RÉSUMÉ

Le thème de cette conférence se résume ainsi "Le concept du Nord extension du Sud". L'économie représente évidemment le coeur de toute l'énergie que l'on dépense dans bien des secteurs de l'exploitation nordique. Les différents peuples qui visent un développement important de cette partie du territoire, sont confrontés à une réalité qui est celle de surmonter les énormes problèmes techniques causés par le froid, l'immensité et aussi la nécessité d'adoucir les conditions de travail. La notion de rentabilité associée à l'exploitation des matières premières constitue un défi de taille. Les mines, le bois, la forêt représentent des exemples flagrants de cibles que visent plusieurs nations. Tout ce développement doit s'effectuer en tenant compte des cours mondiaux pratiqués.

On ne peut dissocier l'humain de cette mécanique et c'est pourquoi le côté "social" ne peut être ignoré. La simple pensée de retenir les travailleurs dans le Nord demande une virtuosité parfois exemplaire. La notion du travailleur nomade se retrouve dans bien des pays. Cependant, il semble poindre une certaine sédentarité basée sur un sentiment d'appartenance jumelé à un désir de sécurité, héritage de la crise de 1982.

On ne peut parler de Nord sans parler des "autochtones". Le Sud pense économie, mais un bon développement du Nord ne peut se faire sans des considérations humaines et sociales. Le style de vie des autochtones change, ils veulent qu'on respecte leurs droits et, surtout, s'adapter aux technologies nouvelles. Tous ces changements créent soit l'oisiveté, soit une intégration à l'économie moderne. Sur le plan culturel, tout ceci s'accompagne d'acculturation. Selon monsieur Frélastre, "les structures ancestrales sont minées, les traditions risquent de se perdre en quelques générations". Un bon développement du Nord doit tenir compte de toutes ces situations complexes, fuyantes et parfois difficilement maîtrisables.

ABSTRACT

The theme of this conference takes on its whole meaning in the concept of the North being an extension of the South. The economy is evidently at the heart of any energy put into the various sectors involved in Northern exploitation.

The various nations who are aiming at an important development of this part of the territory are all confronted with a reality which consists of heavy technical problems brought on by the cold, the vastness of this territory and finally, an attempt to facilitate work conditions. The concept of profit based on the exploitation of raw materials represents an extraordinary goal for the whole. Mines, wood and the forests are goals which are all the more evident for many nations. All of this development must be put into effect in harmony with current worldwide practices.

The human aspect of this technical process cannot be put aside; this is why the "social" side cannot be ignored. Just the idea of having workers stay in the North requires a sometimes exemplary flexibility. The concept of the nomadic worker exists in many countries. A certain sedentariness, however, seems to be making its way. It seems to be based on a feeling of belonging, coupled with a wish for safety brought on by the 1982 crisis.

In view of these mutations, we cannot discuss the North without talking about the "autochtones" (natives). The South's train of thought is geared on the economy, but adequate northern development cannot be achieved without consideration to human and social aspects.

The lifestyle of the natives is changing. They want rights and especially an adaptation to new technologies. All these changes bring on either idleness or integration to the modern economy. On the cultural level, all of this is accompanied by a lack of culture. According to Mr. Frélastre, "les structures ancestrales sont minées, les traditions risquent de se perdre en quelques générations" (Ancestral structures are undermined; traditions are at risk of dying off within a few generations). Proper Northern development must take into consideration all of these complex, evasive and often hard-to-manage situations.

Au XIXe siècle, les hommes n'ont pas cherché à réagir contre la localisation des activités et des populations telle qu'elle se présentait. On acceptait de se conformer au "déterminisme géographique".

Entre les deux guerres mondiales, et surtout après le deuxième conflit, est née une politique de "géographie volontaire", d'aménagement du territoire, afin de mieux distribuer les chances entre les régions, de tenter d'aider les plus défavorisées.

À l'évidence, les zones septentrionales sont fortement handicapées par les conditions climatiques, et leur développement soulève quantité de problèmes. Afin de mieux cerner les espaces concernés, réunis sous le vocable "Nord", peut-être est-il possible, en faisant appel à des notions utilisées par les géographes, d'avancer comme critères:

- toutes les régions de notre hémisphère nord où le nombre de jours sans gelée est inférieur à cent;

- toutes les régions qui présentent un permafrost continu ou discontinu.

LE CONCEPT DU NORD EXTENSION DU SUD

A) L'économique

Les objectifs du développement de toute cette immense zone nordique sont très difficiles à préciser.

Les Blancs, qu'ils soient norvégiens, finlandais, suédois, danois, russes, américains, canadiens, pensent que pour moderniser les conditions de vie de la société du Nord, il convient en quelque sorte d'en faire une extension du sud. Ils jaugent le Nord en termes d'exploitation de ressources, d'aménagement de systèmes de transport: rail, route, air. Il s'agit donc pour eux d'organiser l'exploitation de ces territoires, de surmonter les énormes problèmes techniques nés du froid, de l'immensité, d'adoucir les conditions de travail.

Sur le plan économique, il est clair que cette mise en valeur comporte un butoir: la notion de rentabilité. Tout ce qui n'est pas rentable est condamné à être abandonné. Ce fut le cas en Ungava pour les mines d'amiante de Putunik, les mines de fer de Schefferville. Par ailleurs, les industries qui s'y établissent relèvent largement du type "colonial", c'est-à-dire qu'elles sont basées en grande partie sur les premières opérations de transformation des matières premières très abondantes dans ce grand ensemble territorial:

- le bois (forêt canadienne, russe et sibérienne, scandinave). Le Norrland suédois produit 48 % de la pâte à papier du pays, mais seulement 33 % du tonnage du papier suédois;

- le minerai de fer (qui subit une opération de bouletage au Labrador);

- le cuivre, l'or, le nickel, l'argent (qui sont affinés avant d'être acheminés vers le Sud). De même l'aménagement des immenses ressources hydrauliques permet de produire de très importantes quantités d'énergie hydro-électrique qui sont exportées vers le sud. Le Norrland suédois produit 80 % de l'électricité nationale et n'en consomme que le tiers. Lorsque les phases Baie James I, II, III seront achevées (bien que contestées), aux 10 000 000 kW fournis par les trois centrales actuelles s'ajouteront plus de 10 000 000 kW supplémentaires. Une partie doit être acheminée vers le Nord-Est américain, par la fameuse " 6ᵉ ligne", elle aussi très discutée, mais les exportations resteront très dépendantes du prix du pétrole."L'eau des rivières est soumise au diktats de l'OPEP". En cas de baisse de l'or noir, l'énergie hydraulique perd de son intérêt (mais peut en conserver sur le plan écologique).

Quant au pétrole (par exemple les riches gisements de la baie Prudhoe en Alaska, ceux de Tioumen-Samotlor en Sibérie, près de la moitié de la production soviétique), il est transporté par oléoduc vers les territoires industrialisés. Les coûts d'extraction (par exemple la nécessité en Sibérie de réchauffer le pétrole qui devient visqueux lorsque le puits traverse la couche glacée) et les coûts de transport rendent très précaire la fameuse "rentabilité", au gré des fluctuations du marché mondial de l'or noir.

Il est à remarquer que le Nord vit sous une dure dépendance à l'égard des cours mondiaux pratiqués. Pour toutes les matières premières, les prix de revient de l'extraction et de l'acheminement exigent que les cours internationaux soient élevés pour que les "exportations" du Nord soient rentables.

Les techniques nouvelles sont parvenues parfaitement à maîtriser les constructions de routes, d'aéroports, de maisons dans les régions du pergélisol, alors que ces problèmes étaient insurmontables il y a quelques années.

Plus spectaculaire encore sera "l'exportation de la nature du Nord" si le nouveau projet colossal de couper la baie James en deux voit le jour. Par l'Harricana et d'autres rivières, l'eau pure du Nord pourrait alimenter les régions américaines des Grands lacs .

B) Le social

Il se pose pour toutes ces contrées un problème sociologique concernant les Blancs qui viennent sur place assurer l'exploitation et donc l'exportation de ces richesses. Finiront-ils (au moins une partie d'entre eux)

par se sentir chez eux là où ils travaillent dans ces conditions très dures? Ou bien ne seront-ils toujours que des "nomades", incapables d'instaurer autre chose que ce qui est parfois appelé ironiquement une "économie cow-boy"? Les fonctionnaires considéreront-ils le plus souvent leur passage obligé dans un poste septentrional (turnover) comme la condition nécessaire à la poursuite d'une belle carrière? Le Nord pourra-t-il un jour présenter assez d'attrait pour que ceux qui y sont nés désirent en majorité y faire leur vie? Certains fonctionnaires qui se sont pris de passion pour leur travail, certains missionnaires en sont des exemples. Ils ne sont pas majoritaires...

En Suède, des efforts avaient été tentés pour retenir la population au XIXe, début du XXe siècle, dans le Norrland. Mais la crise de 1929 a frappé les exportations de base, bois et minerai de fer. À cette époque les jeunes femmes ont quitté massivement cette zone pour le Sud. À la fin de la Deuxième Guerre mondiale, l'industrie de la Suède méridionale, intacte et en pleine reprise, fit appel à la force de travail disponible dans le Nord, et ceci accentua l'exode. Dans les années 50, la rationalisation de l'agriculture et de l'exploitation forestière (mécanisation de l'abattage et du transport, le roulage par camion étant devenu souvent possible en toute saison) fit diminuer encore le nombre d'emplois disponibles dans le Norrland. Il fallait 113 000 travailleurs pour la forêt en 1950, 81 000 en 1960, 24 000 en 1970, 9 700 en 1980.

En Sibérie, le problème qui se pose est fondamental. Cet immense territoire est une réserve énorme de ressources naturelles: charbon, fer, pétrole, gaz naturel, cuivre, bauxite, zinc, or, etc. Or, 26 000 000 d'habitants peuplent ces régions. Il est patent que pour assurer la seule exploitation minimale de ce qui est connu, il en faudrait le double. L'U.R.S.S. a mené une politique ambitieuse pour décider les jeunes à s'y installer, à y faire carrière: salaires très élevés, facilités de voyages, longs congés. Les jeunes slaves ne répondent pas aussi favorablement que prévu à ces appels. Les populations autochtones (Samoyèdes, Mongols, Tchouvaches, Kirghiz, etc.) ont des taux de natalité très supérieurs à ceux des Russes et, si rien ne change, seront majoritaires au XXIe siècle, d'après Hélène Carrère d'Encausse.

Toutefois il semble que, lentement, se créent une mentalité, un comportement sibériens: un parler lent, une façon d'agir en pionnier, un pragmatisme devant les difficultés . Cet état d'esprit peut créer, au moins chez les Russes habitant à l'Est de l'Oural, une sorte de "nationalisme naissant", l'affirmation d'un certain goût pour la différence. Bref, de plus en plus nombreux pourraient être ceux qui voudraient vivre en Sibérie, mourir là où ils sont nés.

La présence d'une université rayonnante, siège d'une effervescence intellectuelle, donnant le ton à un renforcement des moyens de formation et d'enseignement dans tout le pays, est un précieux atout dans cette évolution. C'est le cas d'Akademgorodok, capitale des cerveaux sibériens, du Centre d'enseignement supérieur d'Umea, dans le Norrland suédois, des efforts québécois en faveur de l'Université du Québec en Abitibi-Témiscamingue.

Quelques cas peuvent être cités, où l'exode fait une pause et semble freiné. Il semble que, depuis 1980, la population du Norrland scandinave connaisse une légère reprise, grâce aux emplois fournis par les services. L'Abitibi a vu se dépeupler les colonies fondées entre 1910 et 1950. Les agriculteurs restés sur place ont fait de gros efforts de modernisation de leurs exploitations. Le lait, les plantes fourragères, les boeufs de boucherie sont expédiés sur les marchés urbains, en particulier dans le Nord-Est de l'Ontario. Mais, malgré la crise minière, l'ensemble de la région profite de sa position géographique pour développer sa fonction transport car elle est un carrefour de routes vers Matagami et la Baie James, vers Chibougamau et Mistassini, vers Montréal et l'est de l'Ontario, ce qui est un facteur de maintien de l'activité.

Par ailleurs, dans ces régions, la crise, ressentie surtout depuis 1982, a tendance à fixer davantage les non-autochtones qui, s'ils ont un emploi stable, préfèrent le conserver et rester sur place.

Presque tous les pays septentrionaux pratiquent une politique active "d'aide régionale". L'État cherche à aider l'installation de nouvelles entreprises, à donner des facilités à celles qui y sont déjà localisées: garanties de prêts, compensation pour le déménagement des usines, allègements fiscaux, etc.

LES AUTOCHTONES FACE AUX MUTATIONS

À des considérations purement économiques, sur lesquelles le Sud met l'accent, il est indispensable d'ajouter, si l'on veut assurer "un bon développement" du Nord, des considérations humaines et sociales.

Les premiers occupants des terres du Nord, Indiens, Lapons ou Inuit estiment que l'on oeuvre sur un territoire leur appartenant. Ce droit leur a été reconnu de façons très diverses de par le monde, le plus souvent sous forme de portion congrue, avec les "réserves". Mais au Canada, les droits régionaux des Indiens (Cris, par exemple) et des Inuit ont été admis comme légitimes. Avec leurs représentants ont eu lieu de longues et âpres négociations afin de les indemniser pour les perturbations apportées à la vie des tribus par les travaux exécutés dans la vallée du Mackenzie ou autour de la baie James. La

"Loi sur le règlement des revendications autochtones et du Nord Québécois" leur a réservé dans certaines zones un droit exclusif de chasse, pêche, trappage. La Convention de la Baie James a prévu "un programme de sécurité de revenus aux chasseurs et trappeurs Cris" sous forme d'importantes indemnités. Dans les dernières rencontres peuples autochtones-gouvernement du Canada, on a même parlé de gouvernements autochtones autonomes...

Une évolution s'est déjà amorcée chez les aborigènes depuis plusieurs décennies. Il leur est de plus en plus difficile de conserver leur style de vie traditionnel:

- le milieu naturel est très fragile. Le lichen, nécessaire à la nourriture des rennes et des caribous en hiver, desséché au milieu du jour en été, est détruit par le passage d'engins ou piétiné. Les incendies, malgré le pergélisol, font des ravages;

- les institutions ne peuvent plus conserver leurs structures originelles. Les "Siida" lapones, communautés de travail des éleveurs de rennes, se sont modernisées en laissant une place au profit individuel. Par contre en Laponie soviétique, la formule Kolkhoz leur a été imposée;

- dans le domaine technique, depuis 1960-1970, l'apparition des motoneiges a été une révolution à laquelle se sont bien adaptés les autochtones. Les Lapons, les Indiens, les Inuit ont montré que, de façon très pragmatique, ils pouvaient s'adapter à certains changements. La motoneige a une influence sur l'économie, les techniques d'élevage, l'habillement, la vie sociale, les modes de pensée. Tout est devenu plus rapide dans les opérations de rassemblement et de surveillance des troupeaux. Les bergers ont maintenant du temps libre... De même l'usage du bateau à moteur "Peterhead" a facilité les déplacements des Inuit.

Sur le plan économique, l'évolution est rapide et elle est, dans une certaine mesure, accélérée par les dédommagements obtenus par les autochtones dans le cas du Québec. Les Cris habitent des logements à Chisasibi, par exemple, et ne consacrent à la chasse que les 120 jours exigés pour obtenir une garantie de revenus, en dressant leurs tépis à quelques kilomètres des bourgs. Certains sombrent dans l'oisiveté, mauvaise conseillère (alcoolisme, drogue). D'autres renoncent à leur ancien mode de vie et s'intègrent à l'économie moderne. S'ils ne veulent pas trop rompre avec leurs habitudes, ils deviennent pourvoyeurs, guides de chasse, de pêche, ou bien s'adonnent à divers artisanats, autant d'occupations reliées au tourisme. Ils peuvent également briguer un emploi gouvernemental, être salariés dans une entre- prise de transport, de travaux publics, d'extraction minière, de commerce, même s'il est difficile de les empêcher de "déserter" quelques jours lorsque passent les oies blanches bernaches pour retourner à la chasse… Conseillés par des juristes et des économistes, il peuvent se lancer dans les affaires, tenter de faire fructifier leurs capitaux, en créant des sociétés: Creebec, Air Cree, Air Inuit, Sodab, etc.

Des heurts se produisent parfois entre ceux qui veulent rester attachés à leur mode de vie et ceux qui préconisent la réalisation de projets d'équipement. En 1977, une manifestation a eu lieu en Suède, à l'occasion du grand marché pittoresque de Jokkmokk. Les Lapons s'opposaient à la construction du barrage du lac Sitojaure, qui aurait réduit les pâturages, et ouvert aux touristes la route d'accès à d'autres pâturages. Au Québec, les incidents furent nombreux lorsqu'il fut question des travaux de la baie James.

Sur le plan culturel, ce mouvement d'adaptation à l'économie moderne s'accompagne immanquablement d'aculturation. Les structures ancestrales sont minées, les traditions risquent de se perdre en quelques générations.

La problématique du développement du Nord repose sur ce très difficile équilibre à réaliser entre le concept, "Nord extension du Sud", à base essen- tiellement économique, et le maintien de tout un ensemble de traditions humaines respectables, qui constituait le mode de vie des autochtones. L'évolution des techniques, les facilités de transport qui ont désenclavé ces populations (avion), poussent les populations locales à faire évoluer leur mode de vie originel, où les particularités vont s'estomper au fil des générations.

Un bon modèle de développement du Nord doit prendre en compte cette situation complexe, fuyante, difficilement maîtrisable. Toute évolution doit s'efforcer de ne pas gommer un passé riche de traditions de peur de voir naître un monde totalement standardisé, dans une ère dominée par la super- technicité.

NOTES BIOGRAPHIQUES

GEORGES FRÉLASTRE

Georges Frélastre est professeur à la Faculté des sciences économiques de Clermont-Ferrand et membre du Centre de recherche sur le développement international (CERDI).

Docteur en droit, il a fait ses études à Paris et à Berkeley (É-U.). Monsieur Frélastre est un spécialiste reconnu en développement économique, notamment en économie rurale et en aménagement du territoire. Il a à son actif deux livres publiés ainsi qu'une cinquantaine d'articles scientifiques.

Monsieur Frélastre a enseigné en Côte d'Ivoire, au Cameroun, aux États-Unis et au Gabon. Il a fait des missions d'études au Sahara, en U.R.S.S., en Tchécoslovaquie, en Albanie, en Pologne, en Yougoslavie, en Finlande, en Hongrie, en R.D.A., en Bulgarie et en Roumanie. Il a également prononcé des conférences dans plusieurs pays.

Il prépare actuellement un ouvrage sur les politiques agricoles de quelques États d'Afrique centrale et occidentale.

L'EXPÉRIENCE DU DÉVELOPPEMENT SOCIO-ÉCONOMIQUE EN RÉPUBLIQUE DE RUSSIE

EVGUENI KOTCHETKOV

CONSUL GÉNÉRAL
DU CONSULAT GÉNÉRAL DE L'URSS

RÉSUMÉ

Le consul général de l'URSS à Montréal, M. Evgueni Kotchetkov, a lancé un important appel à la paix, au désarmement et à la protection de l'environnement comme conditions nécessaires au développement des régions nordiques et polaires, lors du Symposium international sur l'avenir du Nord québécois.

Après avoir souligné la valeur des richesses naturelles, monsieur Kotchetkov a précisé qu'aucun développement réel, que ce soit aux plans économique, social et culturel, ne peut se faire sans un contexte de paix. Il a mentionné que le projet de la "guerre des étoiles" et les essais de missiles nucléaires constituent des dangers majeurs susceptibles de compromettre, sur l'ensemble de la planète, la mise en valeur des richesses et le développement des populations nordiques. Le Consul soviétique a mentionné que son pays y est très sensible et a démantelé des rampes de lancement comme preuve de bonne volonté.

Le Consul a grandement insisté sur une autre grande menace qui pèse sur les régions nordiques soit la pollution industrielle, notamment celle qui provient de l'Europe et des industries américaines.

Par ailleurs, il a avoué que son pays est conscient de ses propres problèmes, comme ceux créés entre autres par une usine de pâtes et papiers à proximité du lac Baïkal.

Enfin, il a insisté sur l'importance des accords et des missions de coopérations internationales; il croit à l'importance des échanges scientifiques et commerciaux pour mieux développer les ressources existantes dans les régions nordiques et l'actualisation des populations. Des entreprises canadiennes sont incidemment impliquées avec les Soviétiques et la porte est ouverte selon monsieur Kotchetkov.

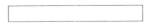

ABSTRACT

During the International Symposium on the Future of Northern Quebec, the Consul General of USSR in Montreal, Mr. Evgueni Kotchetkov, made an important appeal for peace, disarmament and environmental protection as conditions necessary for the development of northern and polar regions.

After having emphasized the value of natural resources, Mr. Kotchetkov pointed out that no real development, whether on the economic, social or cultural level can take place without a context of peace. He also mentioned that the" star wars" project and nuclear missile testing were major dangers that could jeopardize, on a worldwide basis, the development of resources and of northern populations. The Soviet Consul added that his country was highly aware of the situation and had dismantled launch pads as a sign of good will.

The Consul made particular note of another ominous menace hovering over northern regions, i.e. industrial pollution, namely that coming from Europe and the American industries.

Moreover, he admitted that his own country was aware of its own problems such as those created, among other things, by a pulp and paper mill near Lake Baïkal.

Finally, he insisted on the importance of the accords and missions of international cooperation; he believes in the importance of scientific and commercial exchanges to further develop the resources already existing in northern regions and increase the actual presence of the populations. Canadian companies are incidentally involved with the Soviets and horizons are open to collaboration, according to Mr. Kotchetkov.

Évidemment, je ne suis pas spécialiste en matière de nordicité, n'étant que Consul général de l'Union soviétique à Montréal.

Dans le cadre du présent symposium sur l'avenir du Nord québécois, je voudrais vous faire part de quelques expériences acquises par l'Union soviétique dans le développement socio-économique du Nord . Les régions du Nord, habitées par vingt-six peuples nordiques se trouvent sur les territoires des Républiques autonomes des Bouriates et d'Iakoutie, sur les territoires de Krasnoïarsk, Khabarovsk et de Primorié, des régions d'Arkhangelsk, de Mourmansk, Tomsk, Tioumen, Irkoutsk, Tchita, d'Amour, de Kamtchatka, Sakhaline et de Magadane.

La loi fondamentale de l'Union Soviétique et celle de la Fédération de la Russie a établi dix districts autonomes au sein du pays dont sept se trouvent

au nord. Au point de vue organisation et gestion, c'est le Conseil (le Soviet) des députés du peuple du district qui est son organe supérieur du pouvoir dans les domaines politique, social, économique et culturel des autochtones.

Il s'agit de tout un éventail de peuples indigènes: les Nentz (30 000), les Evenkes (27 000) et les Khantes sont les ethnies les plus nombreuses du Nord. Les plus petites, telles que Néguidalts, Aléoutes, Orotches, Youkaguires, Nganassans et d'autres ne comptent que de 500 à 1000 personnes. Selon le dernier recensement de 1979, le nombre des ethnies du Nord a atteint 158 000 personnes et augmenté de 26 000 par rapport à 1959.

Avant la révolution socialiste d'octobre, la population du Nord, pour la plupart nomade et menant une existence primitive, diminuait, faute d'assistance médicale, ravagée par des maladies aussi anodines que la rougeole. On peut dire que dans la Russie d'antan, pauvre et arriérée, l'heure de la disparition d'un grand nombre de ces peuples nordiques allait sonner.

Pendant les premières années du jeune État soviétique, un vaste programme de mesures a été appliqué visant à assurer en premier lieu l'assistance médicale, ensuite la liquidation de l'analphabétisme et le développement des exploitations traditionnelles tout en les adaptant à des conditions plus modernes.

Dans les années vingt, malgré les suites de la guerre civile et des interventions étrangères, le nouveau gouvernement a trouvé moyen de dégager des crédits importants pour le rétablissement du Nord. À Léningrad a été créé l'Institut d'enseignement et de formation des cadres des peuples du Nord. C'est dans cet institut qu'ont reçu l'instruction les représentants des peuples nordiques – auteurs des premiers abécédaires et des premiers manuels écrits dans leurs langues maternelles. En quelques années, plus de vingt peuples du Nord ont été dotés d'une écriture. Des mesures complexes ont été prises en vue d'engager la lutte contre les maladies spécifiques infectieuses et de développer la base matérielle et technique des établissements de la santé publique et de leur personnel qualifié. Tout cela a permis de diminuer de beaucoup les affections de la population, d'augmenter la natalité et la durée moyenne de la vie.

Selon les lois soviétiques, les enfants des peuples du Nord faisant leurs études aux écoles, aux internats, dans les établissements d'enseignement secondaire et supérieur, sont pris en charge complète par l'État.

À l'heure actuelle, l'analphabétisme des peuples du Nord est du passé; il existe un réseau assez développé des établissements d'enseignement et des institutions culturelles. Maintenant, on est témoin de la naissance et de l'épanouissement extraordinaire de près de vingt littératures du Nord soviétique, des peuples qui, comme je l'ai déjà dit, il n'y a pas si longtemps n'avaient même pas de langue écrite. De nos jours, les lecteurs soviétiques et étrangers connaissent très bien, par exemple, les romans de Youri Rytkhéou, un tchouktch, de Grigori Khodjer, fils de pêcheur nanaï, de Sémion Kourilov, écrivain youkghir.

L'art des peuples du Nord soviétique est devenu plus riche et plus varié. Pour développer les arts populaires dans les districts autonomes, on construit aux frais du gouvernement des entreprises de l'industrie artisanale. La création de facultés des arts traditionnels dans des instituts pédagogiques à l'intention des autochtones est une façon de les encadrer.

Autrefois, en tout cas avant 1917, les régions du Nord et leur sous-sol étaient faiblement explorés et on les estimait "vides". Dès les premiers jours du pouvoir soviétique, on s'est donné pour but la prospection des ressources naturelles des régions du Nord, en premier lieu des gisements de minéraux. Le sous-sol des régions nordiques soviétiques recèle le pétrole et le gaz, certains minéraux métallifères non-ferreux et toutes sortes d'autres matières premières.

Il est à souligner que le développement social et économique du Nord soviétique se réalise sur la base complexe planifiée et coordonnée des plans quinquennaux de développement de l'Union soviétique. Au cours des trois derniers quinquennats, les cadences d'accroissement de la production industrielle des régions nordiques ont été plus fortes que celles de la Russie et la part de ces régions dans la production globale de l'industrie de la République de la Russie a augmenté de plus de deux fois.

Les "grandes options du développement économique et social de l'URSS pour 1986-1990 et jusqu'à l'an 2000", confirmées par le Parlement et le Parti communiste de l'URSS, reflètent aussi la stratégie économique et sociale visant la mise en valeur complexe des richesses en matières premières du Nord et le développement de ses forces productrices, y compris la construction économique et culturelle, le développement des branches d'industrie, des artisanats, de l'élevage de rennes ainsi que des exploitations de chasse et de pêche, de l'élevage de bêtes à fourrure dans les cages, etc.

Une importante augmentation de la construction locative est prévue, y compris la création de nouveaux types de maisons mobiles dotées de systèmes de chauffage et d'éclairage autonomes, adaptés aux traditions et au mode de vie particulier des peuples du Nord.

Le rôle du Nord dans la satisfaction des besoins de l'URSS en pétrole, en gaz, en métaux non ferreux, en bois, en poisson et en beaucoup d'autres produits est inestimable. La moitié du pétrole et le tiers du gaz produits dans le pays sont extraits en Sibérie occidentale. On estime que cette année, leur production atteindra près de 400 millions de tonnes. Dans les années 90, le gaz naturel remplacera le pétrole comme combustible numéro un dans le bilan énergétique du pays, ce qui n'est prévu que pour une période transitoire avant que l'URSS ne se dote d'un nombre suffisant de centrales atomiques.

Tiumen, Sourgout, Berkatit, Urengoï sont les noms très connus quand on parle du pétrole et du gaz. Le gazoduc reliant Urengoï à l'Europe occidentale a été construit en 1983. A l'heure actuelle, on parle beaucoup d'un autre gisement géant, celui de Yambourg. La mise en valeur de ce gisement, l'un des plus importants du monde, a commencé au nord de la Sibérie occidentale, au-delà du cercle polaire. On y a procédé au forage du premier puits industriel.

En mettant en valeur les richesses naturelles du Nord, il est important de tenir compte de la nécessité primordiale de protéger la nature. Ainsi, au moins de septembre, deux recrudescences de la concentration des aérosols dues au transport très lointain des rejets industriels ont été enregistrées à bord du navire soviétique à propulsion atomique "Sibir" dans l'atmosphère arctique au nord de l'archipel François-Joseph. La pollution provient des centres industriels d'Amérique du Nord. Mais nous n'avons pas l'intention de rendre responsables de la pollution de l'Arctique seulement les pays occidentaux. Dans la mer de Kara, par exemple, les spécialistes soviétiques ont enregistré un nuage d'aérosols provenant du combinat minier de Norilsk situé dans la presqu'île Taimyr, qui a sérieusement alarmé des spécialistes soviétiques. Nous voulons que la nature particulièrement vulnérable du Grand Nord soit protégée au niveau non seulement national, mais aussi international.

Dans les observatoires et les stations polaires soviétiques et sur les banquises en dérive, on a commencé les études d'après le programme du "monitoring" arctique qui procédera à une simulation mathématique du climat compte tenu des actions anthropiques.

Les problèmes du développement du Nord soviétique et de celui du Québec ont beaucoup en commun et l'expérience acquise par un pays pourrait être mise à profit par un autre. C'est en se guidant sur cette perspective que la Russie a signé le Protocole de coopération scientifique, technique et culturelle avec le gouvernement du Québec pour les années 1987 et 1988.

En particulier, ce programme vise les thèmes suivants: reproduction du saumon dans des conditions écologiques nordiques, aménagement des forêts, organisation et activités des réserves et autres territoires de protection de la nature, recherches historico-ethnographiques sur l'origine des peuples nordiques, construction et fonctionnement des villes et des villages dans les conditions nordiques, expositions itinérantes d'objets d'art et d'artisanat des peuples du Nord. Nous avons eu les premiers échanges dans le cadre de ce programme, dont les résultats sont, à notre avis, très encourageants. Nous croyons que cette coopération a de grandes perspectives et apporterait des retombées économiques réelles et faciliterait les échanges culturels entre les peuples nordiques.

Il est bien évident que ni le développement économique ni le progrès social et culturel ne pourront se réaliser que dans des conditions de paix. C'est un fait triste, mais quand même réel, que le Nord de notre planète est devenu une région de concentration d'activités militaires dangereuses et les plans d'utilisation du Nord dans le cadre du projet de "guerres des étoiles" augmente de beaucoup le risque de la tragédie nucléaire universelle. Le Nord de notre planète doit être une zone de paix. L'Union Soviétique se prononce pour un abaissement radical du niveau des activités militaires dans cette région du globe. Dans son discours à Mourmansk, le 6 octobre, Mikhaïl Gorbatchev a avancé des propositions concrètes à ce sujet.

L'URSS est prête à garantir une zone dénucléarisée en Europe du Nord, à examiner avec les pays concernés les problèmes relatifs à la mise en place de cette zone y compris les mesures visant le territoire soviétique.

L'Union soviétique a déjà démantelé unilatéralement les rampes de lancement de missiles à portée moyenne dans la presqu'île de Kola. La conclusion d'un accord sur l'option "double zéro global" doit offrir de nouvelles possibilités à la détente militaire dans cette région.

Nous proposons d'engager une large coopération pacifique dans la mise en valeur des ressources du Nord et de l'Arctique. On pourrait s'entendre, par exemple, sur la mise au point d'un programme énergétique unifié pour le Nord européen. Ainsi, l'URSS est prête à exploiter en commun les ressources de la péninsule de Kola.

Certains projets entre l'URSS et le Canada portant sur l'échange des technologies applicables au Nord ont été réalisés ou bien sont en voie de réalisation. Les livraisons canadiennes vers l'URSS comprennent les véhicules tout-terrain de la firme Canadian Foremost, et les contrats de la compagnie Lavalin prévoient la fourniture des équipements pétroliers et gaziers pour une somme de plusieurs millions de dollars. Il est bien encourageant que la compagnie Power Corporation de Montréal se soit déclarée prête à examiner les possibilités d'exploitation des ressources naturelles et de mise en valeur des régions arctiques et nordiques de l'Union soviétique. Les Soviétiques, à leur tour, ont déjà fourni des turbines et générateurs pour quelques centrales électriques canadiennes. On pourrait citer beaucoup d'autres exemples.

Attachant une grande importance à l'exploitation scientifique de l'arctique, l'URSS propose d'organiser en 1988 une conférence des États arctiques pour la coordination des recherches dans cette région. On pourrait examiner la création éventuelle d'un conseil scientifique mixte sur l'Arctique.

Les questions ayant trait aux intérêts des peuples de souche du Nord, à l'étude de leurs particularités ethniques, au développement des liens culturels entre les peuples nordiques exigent un examen spécial au niveau international.

L'Union soviétique propose d'élaborer en commun un plan complexe unifié de protection de l'environnement du Grand Nord. En fonction de la normalisation des relations internationales, l'URSS pourrait ouvrir la voie maritime du Grand Nord, qui est la voie la plus courte reliant l'Europe à l'Extrême-Orient et au Pacifique, aux navires étrangers précédés de brise-glaces soviétiques.

La garantie de la sécurité et le développement de la coopération économique et culturelle dans le Nord basée sur le respect de l'homme et de la nature est une oeuvre vraiment internationale. Nous sommes prêts à examiner toute idée et toute proposition en ce sens et agir ensemble.

NOTES BIOGRAPHIQUES

EVGUENI KOTCHETKOV

Diplômé de l'Institut des langues étrangères de Moscou en 1965 et de l'Académie diplomatique du ministère des Affaires étrangères de l'URSS en 1972.

Membre du personnel du Secrétariat de l'ONU à New-York de 1966 à 1972.

Premier secrétaire du Département des États-Unis et du Canada au ministère des Affaires étrangères de l'URSS de 1972 à 1979.

Consul du Consulat général de l'URSS à New York et conseiller de l'Ambassade de l'URSS à Washington de 1979 à 1985.

Chef de la section sur les questions du contrôle des armements et du désarmement au Département des États-Unis et du Canada du ministère des Affaires étrangères de l'URSS de 1985 à 1987.

Envoyé extraordinaire et plénipotentiaire.

Nommé consul général de l'Union des républiques socialistes soviétiques à Montréal le 6 juillet 1987.

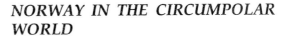

NORWAY IN THE CIRCUMPOLAR WORLD

SOME SOCIO-ECONOMIC AND GEOSTRATEGIC CONSIDERATIONS

ERIC SOLEM

PAST PRESIDENT
CANADIAN-NORDIC SOCIETY

RÉSUMÉ

La situation géographique de la Norvège constitue la base de son économie. C'est un pays polaire et plus précisément bipolaire où la présence de nations voisines crée un besoin de protection du territoire, du peuple et de ses richesses. La sécurité nationale garantie par un développement militaire adéquat vient s'ajouter au désir et à la nécessité d'une sécurité mondiale.

Le sol et la mer regorgent de richesses qui doivent être exploitées intelligemment. Il ne doit pas y avoir une surexploitation de tout ce potentiel et on doit même parler d'un développement régional "ralenti" en fonction du bien-être national. Une bonne planification de ce développement apporte déjà une orientation positive à cet ensemble.

Le secteur énergétique n'est pas inépuisable, et il faut penser à d'autres sources afin de remplacer celles déjà existantes. En somme, il faut aménager les ressources.

L'avenir se tourne vers le Nord, l'Arctique et la protection des territoires nationaux. La recherche scientifique est importante pour démarrer et orienter d'autres développements.

Au Canada, nous devons penser à une accessibilité des ressources, à une sauvegarde nationale et à une politique arctique canadienne. Les Canadiens ont été timides puisqu'ils découvrent le Nord tardivement et ceci ne se retrouve pas seulement au Québec. Il est nécessaire de continuer de développer toutes les richesses du Nord quécécois et aussi de tout le Canada.

ABSTRACT

The geographic situation of Norway is at the base of its economic situation. It is a polar country; a bi-polar country, to be precise, where the presence of neighboring nations brings on a need to protect its territory, the people and its resources. National security bathing in an adequate military development is one more element we can add to the wish and the need for world safety.

The land and the sea are rich with resources that must be exploited intelligently. Overexploitation of all this potential must not take place and a "slow" regional development, which is done according to our national welfare, must be at the centre of our discourse. Sound planning of this development already contributes to lending a positive orientation to the whole.

The energy sector is not eternal and we must start thinking of other sources to replace those already existing. In short, we must prepare resources.

The future resides in the North, the Arctic and the protection of national territories. Scientific research is important in instigating and giving a course to other forms of development.

In Canada, we must think of accessibility to resources, national defence and a Canadian Arctic policy. Canadians have been timid because they have discovered the North very late, and this is not only Québec's case. It is imperative that we pursue the development of all of Québec's northern resources as well as those of all of Canada.

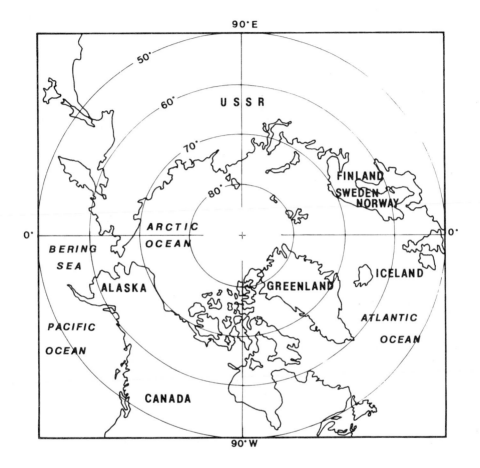

THE ARCTIC REGIONS

INTRODUCTION AND CONCEPTUAL OVERVIEW

In this presentation I propose to deal with some major socio-economic and geostrategic challenges facing Norway as a circumpolar nation. I will also say something about its attempts to grapple with these issues in a coherent and forward-looking way. Finally, I would like to discuss, albeit briefly, some similarities and potential areas of cooperation between Norway and Canada as circumpolar states. In this context I shall have one or two words to say about how I view the role of Quebec in this equation.

You will have noticed that I put socio-economic challenges ahead of geostrategic ones in this brief introduction. There are two reasons for this. First, the essence of this conference is largely socio-economic development in a future perspective. This is essentially what we are interested in discussing here. Secondly, and equally important, I believe that strategic problems will increasingly take on socio-economic characteristics. These are the elements which ultimately concern us the most, and may prove most important in the long run. We have to know *who* we are, *what* we want, and *where* we want to go before we can really do anything at all, if we want to succeed.

I do not, by this last statement, mean to ignore the more traditional "narrow" definitions of strategy, and in particular the concept of geostrategy, which I consider to be of the utmost importance. But in the present context for reasons elaborated upon I wish to downplay the narrower notion in favour of something broader, with which we must come to terms. Since I believe in defining key concepts at the outset of a paper, let me do so now.

I believe that, for a variety of very good reasons, a more narrowly defined strategy for a country is no longer sufficient, or indeed possible. In many instances, the line of demarcation between military, economic and political matters is no longer clear-cut. Hence, the development of a long-term strategy, even with its military component intact, will increasingly have to incorporate political, economic and social factors. Conversely, political strategy must increasingly be seen as firmly based upon military and security power realities. Therefore, strategy, as I see it, must be considered in its broadest of terms. What it means, then, is the art of employing all elements of power of a nation to accomplish the objectives needed in peace or war. Strategy, in this sense, involves the use and close integration of the economic, political, cultural, social, moral, spiritual and psychological forces available.

According to this line of thought, strategy as I see it can only be formulated after the objectives to be accomplished have been determined. Hence, a country's objective and power are, in a sense, the irreducible elements of its proper strategy. Only when a country's objectives have been determined,

understood and agreed upon by all concerned will we have the necessary ingredients for a true long-term strategy.

Norway and the other Scandinavian states have, for a variety of reasons, gone a bit further towards arriving at this type of long-term strategy. Some recent foreign and defence policy announcements and initiatives demonstrate this fact. A particular example which comes to mind is a recent Norwegian government report on security and the environment, based on a workshop organized by the Royal Ministry of Defence in support of the U.N. World Commission on Environment and Development, which incidentally, is headed by the present Prime Minister of Norway.

However, just because a country seems to know, a bit better than most, what it is, what it wants and where it wants to go, does not mean that everything is easy. There may be obstacles or problems, some of them quite serious. That country will need, as most countries do, allies and cooperators or like-minded partners.

NORWAY AS A NORTHERN NATION: BACKGROUND FACTORS

The history and background of Norway as a Northern country is known to most or all of you here, hence I will not go into unnecessary detail. The North and the Northwest have represented new frontiers inspiring Norwegian seafarers and scientists to be among the very first Europeans to explore vast areas of the Arctic, including large tracts of northern Canada. Some of the names are no doubt familiar to you; Nansen, Amundsen and Sverdrup to mention but three. For reasons which go back far in history and geography Norway is a polar nation. It is, in fact, a bi-polar country and, to my knowledge, the only one, as it possesses areas in both the Arctic and Antarctic. It is clear why this should be so; all one has to do is to look at a map. When we do so, we see that the Arctic circle cuts across Norway roughly halfway between Oslo and the Norwegian-Soviet border in the north-east (see map on p. 42). I should also point out in this context that the northern part of the archipelago of Svalbard, constituting roughly one sixth of the territory of the kingdom, lies between 71° and 81° latitude North. It is parallel to North Greenland and the Sverdrup Islands and lies more than 1,000 kilometers to the north of Alaska. Norway is, therefore, in all respects, part of the circumpolar world.

Norway and the Soviet Union are neighbouring countries in the Arctic. They share a common land border as well as an interest in Svalbard where citizens from both states have been carrying out coal mining. Both countries face the Barents Sea, which can only be described as exceptionally interesting from a geological point of view in any discussion on oil and gas. This region

could well prove to be the only area left in the world to rival the hydrocarbon resource potential of the Middle-East. It is therefore only fair to say that in the far North, Norway faces quite extraordinary long-term challenges in the context of resources in the sea and on the sea-bed. It is quite clear that Norway faces security policy as well as military strategic challenges, in addition to thorny issues arising out of the Law of the Sea deliberations.

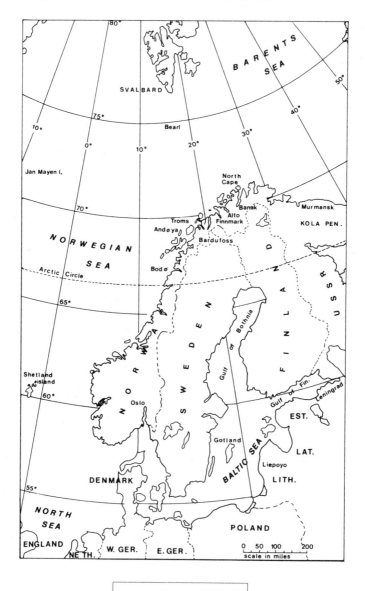

It is not easy. One could argue, as some have, that the longest undefined East-West boundary in Europe is the Norwegian-Soviet "resource boundary" to be drawn in the Barents Sea. It is roughly kilometres, a distance equal to border in Central Europe. Hence, according to this line of thought, Norway is in the process of becoming the Soviet Union's main neighbouring state in Europe.

A second observation of possible interest is that the population of the Kola Peninsula, which in 1928 numbered some 27,000 persons, is now more than one million. During the 1970s alone, the increase in population amounted to some 200,000, a figure almost equal to the combined populations of Norway's two northermost counties, Finnmark and Troms.

A third observation. By 1977 an economic zone of 875,000 square kilometers had been established off continental Norway. This is roughly two and a half times Norway's own size. Furthermore, a fisheries zone around the island of Jan Mayen and a fisheries protection zone around Svalbard were established, amounting to some 1.1 million sq. km (see ill. on pp. 43 and 44). Hence, the total maritime area under Norwegian jurisdiction comprises nearly 2 million sq. km. By way of comparison, this is an area exceeding the total land of all EEC member states.

Clearly, Norway has a vital interest in the Circumpolar North. In view of the interdependence and complexity of circumpolar developments, there is an obvious need for Norway to promote its national interest in the North within a wider perspective.

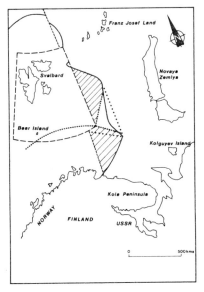

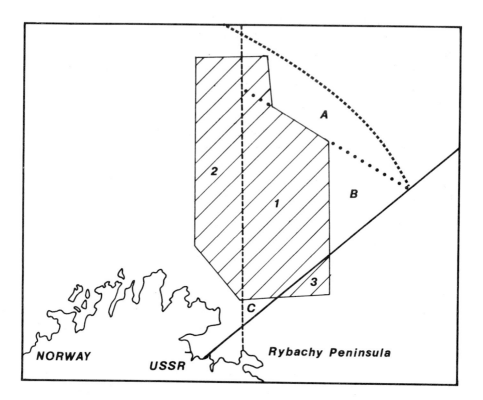

Area covered by the Grey Zone joint fisheries regulation agreement, including:

1. 41,000 km² above the disputed shelf;
2. 22,800 km² within the undisputed part of Norway's EEZ; and
3. 3,100 km² within the undisputed part of the Soviet EEZ.

– – – – – – – Soviet sector line

——————— Norwegian median line

■■■■■■■■ Norwegian 200-mile zone

●●●●●● Soviet 200-mile zone

Segment A: Outside either Norwegian or Soviet Fisheries jurisdiction for the duration of the Grey Zone arrangement.

Segments B and C: Under Soviet fisheries jurisdiction for the duration of the Grey Zone arrangement.

RECENT TRENDS

Situated as it is on NATO's northern flank and directly bordering the U.S.S.R., military security will remain a factor of overriding concern in Norway's foreign and defence policies. There is no doubt about this fact, especially when taking into account which I have not for the present purposes, the very impressive Soviet military build-up on the Kola Peninsula itself. For these reasons, high on the list of Norway's priorities is the maintenance of the pre-servation of stability and promotion of national security in this particular area of increasing importance in the East-West context.

Quite clearly Norway cannot do this alone. Hence it relies both on allies and like-minded partners for cooperation. Norway believes in the use of international law and international organizations for the furtherance of its long-term foreign policy goals. As Norway sees it, a small country's possibilities of exercising any type of influence in international affairs in general will depend upon the development of a world community in which the will of the strongest does not necessarily prevail. This task, it would seem, is as difficult to achieve as it is worthwhile pursuing in the long run.

Apart from its necessary military commitments to the NATO Alliance, Norway is following a long-established tradition of working for peace by international law and by adopting a functionalist approach to international cooperation through multilateral, preferably globally based organizations such as the United Nations, and by setting an example in the world community. This approach to international politics is as admirable as it is difficult, if not to say vulnerable. Norway will, as I have already stated, need help from its allies and like-minded countries, of which Canada is one.

In the circumpolar world, it is my view that Norway sees itself as having particular responsibilities by virtue of its position as regards the politics of the North. Since other countries are affected by whatever arrangements it establishes, Norway puts a premium on explaining itself and making clear its underlying considerations for whichever decisions it takes. This will increasingly become the case for future steps towards the exploration and control of petroleum resources in the North.

As we have seen, the Arctic, which for decades has been a region of marginal interest to most countries, including member states of the circumpolar world, has now become a top agenda item in many quarters of the world, for a wide variety of reasons. The three major factors which will determine the strategic future of the Arctic are: (1) science and technology, including exploration of resources; (2) military technology, including new weapons systems, build-ups, etc.; (3) how infrastructure problems are solved, particularly with regards to transportation.

Overriding these factors, in a very important sense, are questions relating to the environment and to Man's role with respect to it. You will hear much more about this as the conference proceeds; all I want to state here is that Norway is taking close notice of environmental concerns. The environment is, like energy, very much a megatrend upon which much else depends.

Economic and resource considerations, from a regional as well as a global point of view, will have an impact on Arctic development. Such pressures could mean forces "development", that is overintensified resource extraction, with consequent implications for national development or overall national planning. This applies to Norway as well as to Canada. Or pressures could mean unnecessarily slow or severely restricted and/or delayed regional development with all the implications this would have for strategy and security, including overall national well-being. Norway understands this, as may be seen from its carefully planned and implemented petroleum policy. Norway could, in this respect, be an example for other states to follow.

Since environmental impacts are unavoidable and the fragility of the Arctic ecosystem is well known and generally understood, it remains a primary concern to ensure that resource development takes place within a context that safeguards the rights and interest of everyone, including, in particular, the peoples who traditionally inhabit the Arctic.

THE FUTURE

The political sensitivity of the Arctic regions is accentuated by various unresolved questions of national jurisdiction. Some of these are soluble, others perhaps not and must, therefore, be settled somehow before things go astray. I will say nothing more about the Svalbard Treaty other than that it represents a unique solution to sovereignty issues in the Arctic. But the overall strategic importance of Svalbard is undisputable. It could be advantageous for Norway in some respects if activities on the islands were somewhat broadened. If coal is running out, there is obviously a need for other activities to be undertaken. Tourism is one such possibility, as is scientific research and exploration. Scientific research and exploration are increasingly seen as two of the most important ways in which a country can take part in and determine the direction of development. By and large, Norway understands this.

It is interesting to note that one of the most successful periods of Canadian Arctic exploration and development took place under the auspices of the then Defence Research Board, a kind of interregnum "government by science".These days, basic science and technology are often shied away from in many quarters to the benefit of "science-policy", which often means little more than the administration of various activities in these advanced industrial states and must be attended to so as not to hamstring necessary scientific and technological developments of a more direct and practical nature.

I have deliberately downplayed the direct military importance of the circumpolar world, and various developments that could take place (war scenarios), given the nature of this conference. We should be reminded, however, that from Norway's point of view, certain processes and events are often viewed with alarm. I am referring here to the military build-up on the Kola Peninsula, as well as a series of intrusions of Norwegian sovereign territory by foreign submarines. Although primarily a matter for defence and military considerations, these processes play a role in how the Arctic region is viewed in an overall sense.

A few words about oil and gas. As I have already stated, areas in Northern waters are tremendously important for future petroleum production. Oil is a finite commodity. We will eventually run out of it, and this will happen only once in the history of Mankind. The overriding question is: Will we be ready for it? My answer to this is probably not, unless we are collectively prepared to accept somewhat abruptly lowered standards of living. In general, I do not think that we are. Therefore, all kinds of alternative sources of energy must be developed, including hydro-electricity and nuclear fission serving as an intermediary until we reach the stages of fusion and solar power. Until such times, a top priority must be to safeguard and properly husband remaining hydrocarbon resources, many of them in the circumpolar world.

AREAS OF COOPERATION

I promised at the outset to speak briefly about some similarities and potential areas of fruitful cooperation between Norway and Canada. Similarities are easier to detect between Scandinavia as a region and Canada as a regional country. They are obvious: geography, climate, population distribution, shared values with respect to economic, social and, often, political goals, and shared status as advanced industrial societies, with regions heavily dependent upon natural resource development. Other similarities include political culture, well-developed parliamentary systems of government with broad consensus on a host of important areas of social policy (such as the need for universal medical insurance, minimization of at least rampant unemployment, free basic education, and the maintenance of basic incomes for the aged), similarly high levels of literacy and political participation, etc. Most of these could be applied to Norway-Canada as well and they constitute to my mind a rich field for further cooperation and very useful exchanges of ideas as well as people. Bilateral, regional or broader cooperative arrangements could and should, in my view, be made.

The largest future challenge to Norway in its role as a circumpolar state lies in the necessity to formulate policy options which combine practical aspects of resource management with the need to safeguard national security while maintaining overall stability in the region. Cooperation in these fields would be useful and important.

PETROLEUM SECTORS -% SHARE OF GNP

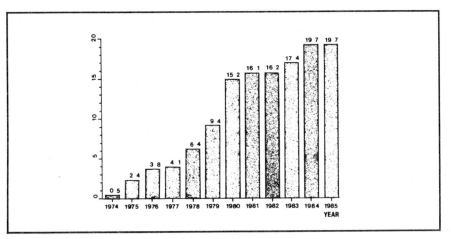

Figure: The petroleum sector's percentage share of the gross national product.

PRODUCTION FORECAST (MILL. TOE)
FIELDS IN PRODUCTION OR UNDER DEVELOPMENT

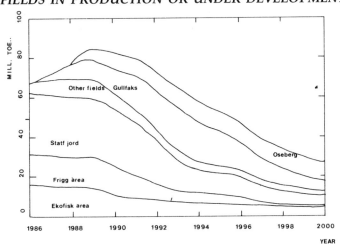

Figure: Expected production for sale from fields in production or from fields under development is taking place. "Other fields" represents Valhall, Ula, Heimdal, East Frigg, Odin
Murchison and Tommeliten.

The figure shows a forecast of expected production from fields under development. In addition to
the fields where production is already taking place, Ula, East Frigg, Gullfaks Phase I, Gullfaks
Phase II, Oseberg, Tommeliten and the water injection project on Ekofisk are included. The figure
shows the importance of the various fields in the late 1980's and in the 1990's. The production
levels are somewhat above 64 million toe in the mid 1980's. Thereafter production will increase
to approximately 70 million toe. After 1993 total production from these fields will decline rapidly.

A SPECIAL ROLE FOR QUEBEC?

The seeming lack of a coherent Canadian domestic Arctic policy may inhibit the emergence of a coherent Arctic foreign policy, making Canadian interest in enhanced cooperation both unpredictable and somewhat disjointed. Whereas Canadian interest in cooperation will likely remain high on topics of northern resource development, especially hydrocarbon exploration and shipping, it is far from certain that some abrupt take-off will occur. As a country we tend, in general, to be extremely cautious to the point of timidity. We also tend to be somewhat introspective in many of our concerns. I will suggest here, for discussion, that this mental attitude has a fair bit to do with preoccupations we have had with province building from the East to the West. In the process, we nearly left out the North and are discovering that part of our country only belatedly.

This is not the case in Quebec. This province has, in my opinion, always displayed a somewhat more developed sense of the "nordicity" of this country, and in this respect has a better perception of what Canada could become. Due to these characteristics as well as its lack of fear of indicative planning, I would wish that you consider, for your deliberations, the idea that Quebec, as part of Canada, could become a link between Canada and the rest of the circumpolar world, particularly the Scandinavian states. Such a solution would, it appears to me, benefit all concerned in a number of new and interesting ways.

NOTES BIOGRAPHIQUES

ERIC SOLEM

Eric Solem est l'auteur de *The Nordic Council and Scandinavian Integration* ainsi que de *Canada as a Circumpolar Nation.*

Il a rédigé plusieurs articles, rapports ainsi que des chapitres de livres sur la science, la technologie, les questions d'énergie et ressources ainsi que sur les affaires nordiques.

Eric Solem est l'ex-président de la Société canadienne nordique.

LA SCIENCE POLAIRE
AU CANADA

PETER BURNET

CONSEILLER PRINCIPAL
DIRECTION DES AFFAIRES CIRCUMPOLAIRES ET
SCIENTIFIQUES
MINISTÈRE DES AFFAIRES INDIENNES ET DU
NORD CANADIEN

RÉSUMÉ

La plupart des pays nordiques ayant déjà un institut national polaire, le gouvernement canadien a demandé à un groupe de chercheurs, dont faisait partie monsieur Burnet, d'étudier la pertinence d'un institut semblable au Canada. L'importance de cette étude s'est trouvée accrue à la suite de l'imbroglio créé par l'apparition d'une brise-glace américain dans les eaux polaires canadiennes.

Si le rapport de recherche Le Canada et la science polaire souligne le très grand intérêt porté par l'ensemble de la communauté canadienne à la question nordique, il note toutefois une insatisfaction généralisée dans le milieu scientifique. On se plaint d'être isolé de la communauté scientifique internationale. Il note également un désir très vif des gens du Nord d'être impliqués dans le développement de leur territoire à titre de partenaires réels. Mais il apparaît clairement que personne dans la communauté scientifique et nordique ne veut abandonner son autonomie aux dépens d'un institut central.

L'étude recommande donc de créer une commission polaire canadienne qui supporterait les efforts et les initiatives de toutes les organisations scientifiques, autochtones et autres qui ont des intérêts dans la question nordique plutôt qu'un institut polaire central. On recommande également d'impliquer les gens du Nord dans le développement de leur territoire.

Cette notion de partenariat avec les gens du Nord apparaît très importante à monsieur Burnet, qui croit que l'on doit vraiment partager le pouvoir sur les questions qui les concernent et ne plus les percevoir comme des sujets d'étude. Il souligne également la nécessité d'avoir une vision à long terme du développement nordique dégagé des aléas des coupures budgétaires et des changements de politiques. Il demande en outre aux scientifiques de mettre en sourdine leurs divergences pour plus de concertation et de rigueur.

Ce rapport, sans avoir l'aval officiel du gouvernement, a l'approbation du ministre des Affaires indiennes et du Nord du Canada, monsieur McKnight qui s'est engagé à créer une commission nationale polaire telle que proposée par les chercheurs.

ABSTRACT

The Canadian government asked, in most of the countries that already have a national polar institute, a group of research workers, of which Mr. Burnet was part, to study the pertinence of such an institute in Canada. The importance of this study was further heightened following the imbroglio caused by the appearance of an American ice-breaker in Canadian polar waters.

Even if the research report entitled Canada and Polar Science *emphasizes the great interest shown by the majority of the Canadian community towards the nordic question, it notes, however, the generalized dissatisfaction of the scientific group. There are complaints of being isolated from the international scientific community. He also notes the Northern people's true wish to be involved in the development of their territory as real partners. It seems evident, however, that no one in the scientific and nordic community wishes to abandon his autonomy at the sacrifice of a central institute.*

Thus, the study recommends the creation of a Canadian Polar Commission that would support the efforts and initiatives of all the scientific, native organizations and others that have interests in the nordic question rather than a central polar institute. We also recommend the involvement of the people of the North in the development of their territory.

This idea of partnership with the people of the North seems very important to Mr. Burnet who firmly believes that we must engage in a true sharing of the power on questions concerning them and no longer consider them as subjects for study. He also pointed out the need to adopt a long-term outlook on northern development which would be free of budget cut constraints and political changes. Among other things, he asks scientists to downtone their differences to further accords and rigour.

In spite of the fact that it does not have the official endorsement of the government, this report has the approval of Mr. McKnight, minister of Indian and Northern Affairs Canada, who promised the creation of a national polar commission as proposed by the research workers.

Je pense que je devrais commencer en vous donnant la réponse à une importante question. J'imagine qu'il y en a plusieurs parmi vous qui se demandent pourquoi il faut souffrir l'expérience d'entendre les opinions d'un avocat sur une question comme la science polaire. Il est vrai que s'il y a trois ans quelqu'un m'avait dit que je serais invité à m'adresser à un Symposium international sur le sujet, j'aurais ri, ou j'aurais eu très très peur. Mais en fait, je suis ici parce que je suis l'un des quatre auteurs du rapport *Le Canada et la science polaire,* qui a été demandé par l'ancien ministre des Affaires indiennes et du Nord, monsieur David Crombie, il y a deux ans.

À cette époque, j'étais un simple citoyen, directeur exécutif d'une société privée. Monsieur Crombie m'a alors invité, de même que deux scientifiques renommés et un leader autochtone, monsieur Mark R. Gordon, le leader des Inuit au Québec, à entreprendre une enquête pour lui. Moi, j'étais le généraliste du groupe, et je continue à me voir comme généraliste quand je parle de la science polaire au Canada. C'est de ce point de vue que je veux m'adresser à vous aujourd'hui, pas du point de vue d'un savant ou d'un grand scientifique, mais bien de celui d'un Nordiste bien sûr, un Nordiste à qui on demande souvent d'appuyer et parfois de subventionner les efforts des scientifiques. Donc, je parle du point de vue d'un fonctionnaire, peut-être d'un politicien, ou même d'un contribuable.

Monsieur Crombie a annoncé il y a deux ans qu'il voulait étudier la question du besoin d'un institut national polaire au Canada. Monsieur Crombie, je pense, est un homme de l'avenir. Il a été influencé par deux choses : premièrement, il venait de faire un grand voyage au Groenland, en Islande et au Danemark, où il a découvert que presque tous les autres pays nordiques sauf les États-Unis ont des instituts nationaux scientifiques dans le domaine polaire, instituts qui sont unifier et dirigés, et peut-être même rendus plus efficaces à cause de cette unification. Monsieur Crombie s'est dit : nous, nous sommes un pays nordique, nous devrions être le pays nordique numéro un au monde. Alors peut-être aurions-nous avantage aussi à avoir un institut comme ça, étant donné qu'il avait déjà décelé plusieurs problèmes, de pourparlers et de divisions dans la communauté scientifique polaire au Canada.

Deuxièmement, monsieur Crombie a pris cette décision quelques semaines seulement après le passage dans l'Arctique d'un brise-glace, le *Polar Sea*, de la garde côtière américaine. Vous vous rappellerez le grand débat national qui fut tenu sur la question et les défis de souveraineté qui nous ont été lancés par les Américains à ce moment-là. Alors il nous a demandé, à titre de citoyens ordinaires, de faire cette étude. Et pendant un an et demi nous avons essayé de contacter le plus grand nombre de personnes, de groupes, d'intérêts, d'institutions, intéressés à accroître leurs connaissances des régions polaires du Canada.

Nous avons reçu plus de 250 mémoires sur cette question. Nous avons obtenu un grand nombre d'entrevues avec des autochtones, des politiciens territoriaux, des fonctionnaires, des associations professionnelles et industrielles bref, le plus grand nombre d'opinions qu'il était possible de recueillir.

Il faut dire qu'on ne nous avait pas demandé d'ébaucher une politique nationale sur la science. Nous devions considérer le besoin d'un institut national au Canada.

Alors pendant cette période, qu'est-ce qu'on a découvert? On a découvert beaucoup de choses et je n'ai pas assez de temps pour vous en donner tous les détails, mais quatre points m'ont énormément frappé pendant cette étude:

En premier lieu, c'est que la communauté canadienne qui s'intéresse au développement de la science et de la technologie dans le Nord est immense par rapport au bon vieux temps d'il y a trente ou quarante ans, où elle était toute petite et très concentrée. Maintenant, on a pu constater qu'il y avait une explosion d'intérêt pour cette question. Trente-cinq universités canadiennes ont des centres d'études nordiques, ainsi que plusieurs ministères fédéraux, des organisations autochtones, des gouvernements provinciaux et territoriaux. Des industries, des associations professionnelles et un grand nombre de gens sont concernés par ce dossier d'une manière ou d'une autre.

Deuxièmement, tous se sentaient insatisfaits des efforts nationaux comme tels; tout le monde, ou presque, se sentait très isolé du reste de la communauté nationale scientifique, et surtout, de la communauté internationale. Et ça nous donnait beaucoup d'éléments sur la question de l'efficacité de nos efforts scientifiques dans le Nord en général, parce que, comme vous savez, aujourd'hui, la science est devenue très sophistiquée dans plusieurs domaines, et nous au Canada, nous avons de trop petites institutions où l'on ne retrouve peut-être qu'une ou deux personnes qui essaient de poursuivre des recherches dans un seul domaine.

Troisièmement, une autre chose qui est ressortie est le pouvoir des gens du Nord. Heureusement, je crois que l'époque où les Sudistes ou même les Nordistes qui restent dans le Sud, ainsi que les scientifiques qui demeurent dans le Sud, pouvaient décider entre eux ce qui devait se faire dans le Nord est révolue. Alors tous les conflits politiques depuis dix ans ont vraiment touché la communauté scientifique et les attentes des gens du Nord comptent beaucoup plus maintenant et comme je l'ai dit, fort heureusement. De notre côté, nous avons décelé très rapidement que n'importe quelle réforme recommandée se devait de tenir compte des intérêts des gens du Nord et de voir à les impliquer dans tout projet de nouvelle institution .

Quatrième élément que nous avons découvert, c'est le dilemme canadien. Même s'il y a beaucoup de plaintes, même si les gens se sentent isolés, même si tout le monde dit qu'il existe de grands problèmes, ou l'absence totale de coordination ici au Canada, aucune personne ne veut d'un grand institut national responsable de faire de la recherche, de gérer la recherche des autres, ou même de financer les recherches. Tous se sentent très protectionnistes, on peut même dire jaloux de l'influence de leur organisation et ils ne veulent pas perdre cet avantage au profit d'une grande organisation centrale.

Étant donné ces quatre problèmes d'ordre général, on a pu constater rapidement que l'idée d'un institut national ne serait pas facilement acceptée par la communauté scientifique au Canada ni, surtout, par les gens du Nord. L'idée d'instituer à Ottawa, ou dans une grande ville dans le Sud, un grand institut national serait inacceptable pour les gens du Nord. Alors, enfin, on a décidé de recommander à monsieur Crombie de ne pas poursuivre ses efforts dans cette direction.

On lui a plutôt recommandé de créer une petite commission, une commission polaire nationale canadienne qui serait là simplement pour aider, supporter le grand nombre d'organisations qui existent présentement et qui sont engagées dans diverses recherches et études dans le Grand Nord.

Aussi a-t-on convenu de recommander un système d'information national basé sur les bibliothèques et la technologie moderne. Ainsi les gens et les communautés du Nord auraient accès aux universités et à un réseau de communication dont ils auraient besoin pour résoudre leurs problèmes. Et on a fait bien d'autres recommandations, mais entre autres, je vais en mentionner une en particulier que je crois très importante. C'est qu'on a dit que le problème d'impliquer les gens du Nord, surtout les autochtones du Nord, dans les sciences, dans l'accroissement de leurs connaissances, dans le développement des technologies dans le Nord, c'était quelque chose qu'il fallait faire sur place, dans le Nord même. Il faut qu'ils se prennent en main eux-mêmes. Le temps où on pouvait diriger les opérations du bureau d'un ministère à Ottawa, ou même à Québec, ou ailleurs est bien fini. Le temps où on pouvait diriger la plupart de nos recherches dans les universités du Sud, je pense aussi, est terminé. Il faut, pour avoir un effet sur la vie des gens du Nord, mettre les outils dans les mains des gens du Nord et appuyer leurs efforts.

À la fin de notre étude, à l'aboutissement si vous voulez, c'est le rapport *Le Canada et la science polaire* qui a été publié en avril par le ministre Bill McKnight, le successeur de monsieur Crombie. La demande générale qui a suivi la publication de ce rapport a été beaucoup plus grande que prévue, et le ministère a décidé de publier une deuxième édition qui doit être disponible sous peu.

Aussi, pour connaître la suite de cette histoire, je peux vous dire que le ministre McKnight a lu notre rapport et en général, l'a accepté; il s'intéresse beaucoup à l'idée de créer une commission nationale, non pas pour diriger les efforts des autres, non pas pour contrôler la science au Canada, non pas pour définir les buts nationaux, mais bien pour donner un appui aux organismes qui

sont engagés dans les questions scientifiques ou dans le développement technologique, et aussi pour donner un centre de contacts, si vous voulez, à la communauté canadienne, pour faire des échanges avec des scientifiques d'autres pays. Monsieur McKnight est un homme très pragmatique et il sait bien que si de son côté il devait agir vite, s'il décidait, s'il annonçait tout de suite l'établissement d'une nouvelle commission, il risquerait probablement de ne pas obtenir l'appui de la communauté scientifique au Canada ou de la communauté des gens du Nord. Alors pour le moment, il préfère trouver des moyens d'impliquer ces mêmes gens dans de sérieuses réflexions afin de dessiner une commission qui soit véritablement appuyée par la communauté canadienne scientifique et qu'elle réponde ainsi à ses besoins.

J'aimerais ici vous offrir quelques observations personnelles à titre de généraliste ou de Nordiste, dans ce contexte-ci. Des Nordistes nous demandent très souvent d'apporter plus d'appui aux efforts scientifiques et autres. Je vais simplement vous mentionner une situation qui m'a frappée pendant cette étude: quand on parle de la science polaire au Canada, on parle d'un immense domaine. Hier soir, on écoutait l'exposé du docteur Hamelin, il parlait des Sudistes, et on sait que les Sudistes constituent la grande majorité des Canadiens. Alors nous, les Nordistes, nous sommes portés à penser que nous faisons partie d'un petit groupe, avec des intérêts communs, mais ce raisonnement n'est plus vrai. Peut-être était-ce vrai il y a trente ou quarante ans, mais quand on parle de la recherche, de la science ou de la technologie dans le nord du Canada, et j'imagine aussi dans le nord du Québec, on parle de toutes les disciplines. On parle de toutes les sortes de recherches qu'on peut imaginer. Les sciences physiques, les sciences humaines, les sciences économiques, les sciences politiques ou les sciences écologiques sont énormément importantes et parfois je me demande pourquoi les Nordistes se sentent proches les uns des autres. Lorsqu'on observe de très près ce que font tous les scientifiques, c'est souvent difficile de discerner ces liens.

Imaginez un instant un médecin qui étudie la santé des gens qui demeurent sur le bord du fleuve Saint-Laurent et qui rencontre un géologue qui étudie les roches au bord du même fleuve: ça me surprendrait si en se rencontrant ils se disaient "ah! deux " fleuvistes", organisons-nous ensemble!" Probablement que non. Mais dans le Nord, dans le bon ou le mauvais sens et je crois personnellement que c'est dans le bon, il existe des liens. Mais on parle beaucoup de domaines, beaucoup d'intérêts, beaucoup de problèmes à court et long termes! Alors, il est très difficile de compartimenter, d'avoir des réponses concrètes, d'avoir des politiques basées sur la science polaire.

Il faut absolument que la communauté scientifique réalise et accepte enfin qu'il faut poursuivre des activités scientifiques *avec* les gens du Nord comme des partenaires et non plus comme des assistants, des objets d'étude ou des guides. Le temps est arrivé...

J'imagine qu'il y a beaucoup de gens ici qui réalisent bien que les mots "scientifique" ou "recherchiste" dans le Nord, sont des mots qui suscitent toutes sortes de réactions et d'émotions à cause des nombreuses expériences décevantes pour les gens du Nord.

Même s'il y a eu un grand nombre de scientifiques qui ont apporté beaucoup au Nord, il y en a eu, je pense, un plus grand nombre qui ont laissé de mauvaises impressions. Les gens du Nord ont souvent le sentiment que les scientifiques sont des gens qui viennent au Nord, qui prennent une portion du Nord, qui n'offrent rien en retour au Nord, et qui s'en retournent dans le Sud pour publier leurs recherches à leur profit personnel.

Alors comme il faut faire avancer les choses, il faut pousser le débat fondamental sur le Nord, et pour y réussir, il faut accepter une fois pour toutes que c'est inutile de s'engager dans les activités à long terme dans le Nord sans l'appui total, sans l'implication, sans partager le contrôle avec les gens du Nord et avec les institutions qui les représentent. Finalement, je pense que la chose qui manque ici au Canada, la chose la plus importante, c'est une projection, une perspective à long terme.

Il est difficile pour nous, les Nord-Américains, de penser, de planifier à long terme. Je crois malheureusement que les autres pays sont meilleurs que nous à ce sujet et qu'on paie pour ça, surtout quand on parle de quelque chose comme les sciences polaires où les bénéfices sont vraiment dans une planification à long terme. À certaines occasions, avec beaucoup de recherches, il est plus facile de réaliser les risques en cause. Si l'on n'entreprend pas les recherches, on ne peut voir les risques écologiques encourus. On peut entrevoir les implications des stratégies, on peut prévoir les répercussions dans le domaine social, les ressources humaines, mais souvent, c'est difficile de prévoir les bénéfices à long terme, d'en mesurer les profits.

Alors il nous faut développer une planification à long terme. On a besoin de plus de projets, pas seulement de deux ans, trois ans, quatre ou cinq ans, mais on a besoin de projets de vingt ans, protégés contre les coupures budgétaires, protégés contre les changements politiques dans le Nord et dans le pays tout entier.

De plus, il faut appuyer les efforts scientifiques à plusieurs niveaux: au niveau international en premier lieu, aux niveaux national, régional et local ensuite, et dans toutes les disciplines. Pour moi, c'est ça la définition d'un pays nordique, non pas un pays qui se dise "bon, la crise cette année ou cette

décennie dans le Nord, c'est une crise écologique", et que tous nos efforts soient concertés vers les problèmes écologiques, ou les problèmes de développement, ou les problèmes stratégiques, ou de souveraineté. Il faut établir une base, une base très vaste où l'enrichissement de nos connaissances puisse continuer à plus d'un niveau et dans plusieurs domaines en même temps. Ça c'est la définition, je pense, d'un pays nordique. Par rapport aux autres pays nordiques et à leurs grands investissements dans la recherche polaire, c'est ça qu'il faut faire pour continuer à gagner le respect international, la coopération et à affirmer notre nordicité nationale dans le domaine de la science. En conclusion, à titre de généraliste, pendant cette étude j'ai rencontré beaucoup de gens très intéressants, beaucoup de gens brillants qui ont accompli beaucoup dans le Nord, pour le pays, et dans leur discipline. Nous sommes ici très chanceux, au Canada, d'avoir des gens, des scientifiques et des savants connus de par le monde dans leur domaine. Mais en même temps, j'ai été déçu de voir comment la plupart des scientifiques pensaient "petit". Les divisions philosophiques dans la communauté des scientifiques polaires au Canada, exactement comme les divisions dans la grande communauté des Nordistes, sont des divisions sur de grandes questions philosophiques de base qu'on ne réussit pas à résoudre. Je pense qu'il faut avoir une vue plus large, il faut demander plus ... les gens sont un peu trop repliés sur eux-mêmes à mon avis, et de notre part, nous sommes un peu trop repliés sur nous-mêmes quand nous parlons en général du Nord et de la nordicité.

Le docteur Hamelin hier soir a parlé des Sudistes, et de la grande majorité des Sudistes, et comment il faut convertir les Sudistes; mais avant de mettre tout le blâme sur les épaules des Sudistes, parlons pour nous-mêmes, entre Nordistes, pour nous-mêmes. Nous sommes trop souvent portés à arriver à un symposium ou à des conférences comme ça, et à blâmer les Sudistes, sans réaliser que pour faire le progrès dans le Nord, pour donner l'avantage aux gens du Nord, il faut travailler plus fort nous-mêmes afin de résoudre les grandes questions pour en arriver à un consensus sur nos buts à court terme et à long terme.

Et si on peut réaliser ça, nous serons, je crois, mieux disposés à tenter vraiment un essai national, une équipe nationale si vous voulez, qui pourrait dominer de par le monde dans tous les domaines des sciences polaires.

NOTES BIOGRAPHIQUES

PETER BURNET

Avocat de formation, Peter Burnet est conseiller principal à la Direction des affaires circumpolaires et scientifiques au ministère des Affaires indiennes et du Nord Canada (MAINC). Directeur exécutif du Canadian Arctic Resources Committee(CARC), M. Burnet a également agi à titre de conseiller politique et juridique auprès d'organisations nationales autochtones. Il est un des auteurs du rapport *Canada and Polar Science,* récemment publié par le MAINC.

PORTRAIT
DU NORD QUÉBÉCOIS

JACQUES VÉZEAU

DIRECTEUR GÉNÉRAL ADJOINT
OFFICE DE PLANIFICATION
ET DE DÉVELOPPEMENT
DU QUÉBEC (O.P.D.Q.)

RÉSUMÉ

Monsieur Jacques Vézeau trace un portrait du Nord québécois, un portrait ni pessimiste ni euphorique. Un des pionniers du développement concerté des régions du Moyen-Nord, monsieur Vézeau, originaire de l'Abitibi, a surtout insisté sur l'importance des consensus sociaux, d'un développement prudent des zones habitables par les gens du Nord, basé sur le respect des cultures autochtones.

Monsieur Vézeau a précisé que les conditions de développement deviendront plus difficiles: frais élevés de construction et de transport, peu d'opportunités d'emploi pour les jeunes et les femmes, industries modernes qui créent à la fois de l'emploi et du chômage, taux de roulement très élevé de la main-d'oeuvre spécialisée, sous-scolarisation de la population, quasi-absence de laboratoires et de centres de recherche et écart de plus en plus important des revenus chez les autochtones qui travaillent pour l'État et l'industrie, par rapport à ceux qui ont conservé leur mode de vie traditionnel.

À cet état de situation réaliste, il oppose des pistes de changements, possibles si les coûts de transport sont réduits, si l'on met sur pied un système bancaire chez les Cris et les Inuits, si l'on sait imposer des conditions aux développeurs miniers et forestiers, si l'on module les programmes et interventions des gouvernements au diapason des gens et des contextes nordiques.

S'inspirant de ses missions dans les pays de l'Europe du Nord et s'appuyant sur sa propre expérience, monsieur Vézeau a conclu en insistant sur l'importance d'établir des liens étroits entre les intervenants du milieu et entre les "sudistes" et les "nordistes", en recherchant à tout prix à créer, avec originalité, un large consensus social pour conserver les populations dans leurs régions nordiques.

ABSTRACT

The portrait of the concerted development of one of the regions of the Middle North presented by Mr. Jacques Vézeau was not pessimistic nor was it overly enthusiastic; as a matter of fact, Mr. Vezeau who was born in Abitibi, insisted particularly on the importance of social consensuses, the careful development, by the Northern people, of the zones where populations can establish themselves, and on the respect of native cultures.

Mr. Vézeau emphasized that conditions for development would become more difficult; high construction and transportation expenses, few job openings for youths and women, modern industries which on one hand create jobs and on the other bring on unemployment,the high turnover rate with the specialized labor force, the poor education of the population, the almost total absence of laboratories and research centres, the ever-increasing gaps in the income of natives working for the State and the industry when compared to those making a living from a more traditional lifestyle.

To counteract this very realistic look at the situation, he suggested possible avenues for change if transportation costs are lowered, if a banking system is set up for the Cree and Inuit, if we are capable of imposing conditions to mining and forestry developers, if government programs and interventions are geared to the northern people and its reality.

Based on his interventions in the countries of Northern Europe and on his own experience, Mr. Vézeau concluded by insisting on the importance of establishing solid links between the interveners of that environment and the "southerners" and the "northerners", by aiming at the creation of a large social consensus to keep the populations within their northern regions. This must be achieved at all cost, and orginality must be part of the process.

LE TERRITOIRE: VASTE ET PEU HABITÉ

Souvent mal connu, le Nord québécois, aux frontières méridionales encore imprécises et mouvantes, représente de la moitié au deux tiers de la superficie du territoire du Québec, selon que l'on trace sa limite sud un peu plus au sud ou un peu plus au nord.

En incluant tout le territoire des régions dites périphériques de l'Abitibi-Témiscamingue, du Saguenay-Lac-Saint-Jean et de la Côte-Nord, dont une partie plus ou moins importante selon les régions est comprise dans ce que l'on pourrait désigner le milieu nordique québécois, on parle d'environ 85 % de sa superficie du Québec, qui est habité par seulement 9 % de sa population (environ 600 000 personnes). Mais cette situation n'est pas observable seulement au Québec: dans d'autres régions ou pays nordiques, tels la Suède et la Norvège, la très grande partie de leur population est concentrée au sud.

Du 9 % de la population du Québec qui vit dans ces quatre régions les plus nordiques, 4,7 % habitent le Saguenay-Lac-Saint-Jean (310 000 personnes), 2,4 % l'Abitibi-Témiscamingue (160 000 personnes), 1,7 % la Côte-Nord (110 000 personnes) et de 0,2 à 0,4 % habitent la région administrative dite du Nord-du-Québec. Cette dernière, que l'on veut élargie aux localités les plus nordiques des autres régions de façon à inclure les localités de Matagami, Joutel, Lebel-sur-Quévillon, Waswanipi, Chapais, Chibougamau, Mistassini (qui font par ailleurs partie d'un ensemble administratif qui chevauche trois régions et que l'on appelle la municipalité de la Baie-James), voit ainsi sa population passer de quelque 15 000 personnes à environ 35 000 personnes.

La majorité des habitants du milieu nordique québécois est donc concentrée près de sa limite méridionale, dans des agglomérations principalement minières et forestières du sud de ce vaste territoire désigné la Baie-James, de même que dans les villes minières de la péninsule du Québec - Labrador (Fermont, Sept-Iles, Havre-Saint-Pierre, Schefferville et jusqu'à tout récemment, Gagnon...).

Ces agglomérations nordiques se distinguent d'ailleurs de celles qui sont dispersées sur le pourtour des grandes étendues plus au nord par leur intégration socio-économique aux régions-ressources limitrophes que sont l'Abitibi-Témiscamingue, le Saguenay-Lac-Saint-Jean et la Côte-Nord. Elles y sont d'ailleurs reliées par des liens terrestres, routiers et ferroviaires, contrairement aux localités plus au nord qui sont encore, pour la plupart, isolées les unes des autres. On parle d'une trentaine de petites communautés allant de 50 à 2000 personnes installées pour la plupart sur les côtes des baies James, d'Hudson, d'Ungava et sur une partie de la Basse et de la Moyenne Côte-Nord. Seulement quelques-unes sont situées à l'intérieur des terres.

Font exception à cet isolement physique, certaines localités de la Basse-Côte-Nord qui connaissent depuis quelques années un désenclavement progressif grâce à la construction de liens routiers entre certains villages; il en est de même pour quelques localités cries de la Baie-James, grâce à des liens routiers qui rejoignent la route qui relie depuis quelques années seulement, du sud au nord, Matagami à Radisson.

UN CONTEXTE DE RÉGIONS-RESSOURCES ET DE NORDICITÉ

Il faut davantage parler des populations nordiques pour mieux se représenter la diversité des occupants qui habitent le milieu nordique québécois: population autochtone, résidants temporaires des communautés autochtones, pêcheurs de la Basse-Côte-Nord, population des villes minières, travailleurs des chantiers forestiers et hydro-électriques. Pour tous ces gens, le Nord québécois ne recouvre pas la même réalité.

Pour certains, il est un milieu de vie (autochtones, habitants de la Basse-Côte-Nord, génération née dans les villes minières); ceux-ci forment l'élément stable de la population. Quant aux travailleurs des chantiers hydro-électriques et aux mineurs, souvent originaires d'autres régions, ils ne résideront sur place, pour la plupart, que si les conditions d'emploi sont maintenues. La majorité d'entre eux ne s'y établissent pas.

Plusieurs des villes ressources du Nord québécois ont d'ailleurs connu des baisses importantes de leur population à la suite de la crise du secteur minier et de la récession économique du début des années 1980 (Sept-Iles, Matagami, Chibougamau, Chapais).

Au Saguenay-Lac-Saint-Jean et sur la Côte-Nord plus particulièrement, la proportion des emplois perdus dans les secteurs primaire et secondaire reliés à l'exploitation des ressources naturelles, n'a été récupérée que partiellement après la récession économique du début des années 80, alors que l'Abitibi-Témiscamingue semble avoir été privilégiée par un formidable essor du secteur minier, stimulé par le régime des actions accréditives. Le secteur secondaire demeure toutefois sous-développé dans cette région.

Dans la région de la Côte-Nord, la plus durement touchée, on parle de près de 10 000 emplois perdus depuis 1979, principalement dans les secteurs primaire et secondaire. Le bilan migratoire de cette région était déficitaire de près de 10 000 personnes en 1985, par rapport à 1981 (la population était passée de 119 000 à 110 000 personnes).

Ce sont généralement dans les secteurs les plus nordiques des trois régions limitrophes à la région Nord du Québec que les pertes d'emplois et les diminutions de population ont été les plus importantes. Par exemple, le boom minier en Abitibi-Témiscamingue ne profite pas actuellement à Matagami, ou à son développement en tant que collectivité. On passe à Matagami, on y fait de l'exploration minière et de l'exploitation minière et forestière, mais on ne s'y implante que temporairement.

Dans l'ensemble, la structure économique de ces régions ressources nordiques est plus fortement axée sur le secteur primaire qui regroupe globalement autour de 15 % des emplois, par rapport à une moyenne nationale de 5 %. On déplore par ailleurs dans ces régions que le secteur de la transformation des ressources ne soit pas plus important, vu l'extraction des ressources qui y est faite. On constate de plus la fragilité de ces collectivités à économie simple, vulnérables à toute variation du secteur d'activité dont elles dépendent.

S'il est vrai que le développement économique du Nord québécois est généralement associé aux grands projets énergétiques et miniers et à leurs retombées économiques pour les régions limitrophes, il subsiste, à côté de ce type de développement industriel, des activités à l'échelle régionale et surtout locale qui s'appuient en bonne partie sur l'exploitation des ressources fauniques. L'assise économique des collectivités locales concernées, composées dans la majorité des cas presqu'essentiellement d'Amérindiens et d'Inuit, repose aussi d'une façon très importante sur les activités du tertiaire public et parapublic.

Le Nord québécois est ainsi marqué de deux types d'économie (locale et exogène) qui ont évolué à peu près indépendamment l'une et l'autre jusqu'à maintenant. Ces économies ne répondent pas aux mêmes objectifs, ne touchent pas les mêmes populations, mais évoluent toutes deux dans un contexte de régions ressources et de nordicité où les contraintes liées à l'éloignement (routes d'accès, coûts de transport élevés, éloignement des marchés, etc.) interviennent dans tous les secteurs. Ces contraintes affectent la rentabilité des activités économiques locales ou leur compétitivité, comparativement à d'autres régions situées plus à proximité des grands marchés.

QUELQUES TRAITS CARACTÉRISTIQUES DES MILIEUX NORDIQUES

Une population jeune et une main d'oeuvre croissante face à un marché de l'emploi limité.

Dans l'ensemble du milieu nordique québécois, la population est jeune, particulièrement chez les communautés autochtones où les moins de 18 ans représentent près de 50 % de la population. Même s'il tend à diminuer, le taux de natalité traditionnellement plus élevé chez les Amérindiens et les Inuit du Nord québécois signifie par ailleurs que les besoins de nouveaux emplois dans ces communautés seront de plus en plus importants.

Les projets d'envergure, hydro-électriques et miniers, qui ont été réalisés sur le territoire de la région au cours de la dernière décennie, auront entraîné pour les populations locales résidantes la création d'un certain nombre d'emplois, mais c'est surtout les divers travaux de construction rendus nécessaires par la relocalisation de certains villages qui ont contribué à créer de nombreux emplois dans les communautés autochtones de la région. De même, les divers programmes de rattrapage visant à améliorer la qualité de vie des populations autochtones de la région ont contribué à fournir de l'emploi à une bonne partie de la main-d'oeuvre locale.

Ces emplois diminuent toutefois progressivement. On prévoit que d'ici la fin des années 1980, la plupart des travaux de construction ou d'amélioration dans les villages seront complétés. Les problèmes de chômage, déjà criants dans la région, seront accentués par la structure d'âge même des populations autochtones.

Dans les villes nordiques, minières et forestières de la frange méridionale du milieu nordique québécois, c'est la proportion de jeunes adultes qui est élevée. Ce phénomène est observable dans les régions périphériques de la Côte-Nord et de l'Abitibi-Témiscamingue. Tout comme dans les petites communautés autochtones, le marché de l'emploi dans les villes nordiques est caractérisé par le peu d'opportunités pour les jeunes et pour la main-d'oeuvre féminine.

Par ailleurs, les emplois saisonniers caractérisent le marché de l'emploi dans l'ensemble du territoire nordique québécois, l'économie s'appuyant largement sur les activités de chasse, de pêche et de piégeage, alors que les travailleurs des secteurs industriels miniers et forestiers subissent quant à eux les ralentissements des industries qui créent de plus en plus un chômage saisonnier.

MOBILITÉ ET PÉNURIE D'UNE MAIN-D'OEUVRE SPÉCIALISÉE

La difficulté de recruter des ressources professionnelles et surtout de les retenir, notamment dans les secteurs de la santé, de l'éducation (de la fonction publique et parapublique en général), est propre aux régions périphériques; l'Abitibi-Témiscamingue, la Côte-Nord et le Nord du Québec ne font pas exception. De plus, le taux de roulement de la main-d'oeuvre spécialisée est très élevé, ce qui n'est pas étranger aux lacunes importantes observées au niveau des centres universitaires et des centres de recherche qui sont à peu près inexistants dans les régions nordiques du Québec. Ici, l'Abitibi-Témiscamingue et le Saguenay-Lac-Saint-Jean font exception grâce à la présence des constituantes du réseau de l'Université du Québec. Établie récemment, celle de l'Abitibi-Témiscamingue a déjà permis de constater une augmentation du taux de rétention de la main-d'oeuvre régionale.

Toutefois, l'éloignement des services d'études collégiales et universitaires pour les habitants des villes minières et forestières de ces régions et pour les communautés autochtones du Nord québécois se traduit par une sous-scolarisation de la population par rapport à la moyenne québécoise. Il est ainsi difficile de retenir les travailleurs lorsque leurs enfants sont en âge de fréquenter les institutions scolaires de niveau post-secondaire.

De plus, les laboratoires et les centres de recherche permanents ou même saisonniers sont quasi inexistants dans le Nord québécois, contrairement à plusieurs pays européens qui ont implanté des centres de recherche dans les régions les plus nordiques.

PERSPECTIVES D'AVENIR POUR LES POPULATIONS DU MILIEU NORDIQUE QUÉBÉCOIS

Je ne m'attarderai pas sur les conditions de vie dans les régions nordiques du Québec; plusieurs d'entre vous les connaissent bien.

A titre de directeur général adjoint d'un organisme dont la vocation est la planification et le développement, vous ne me tiendrez pas rigueur d'examiner les perspectives d'avenir des populations du milieu nordique québécois.

Outre les activités de reboisement et une exploitation forestière à petite échelle pour satisfaire des besoins locaux et communautaires, on ne peut probablement qu'espérer le maintien des industries du sciage, des pâtes et papier et des panneaux dérivés du bois, concentrées toutefois plus au sud du Québec, malgré une exploitation massive des forêts du sud du milieu nordique.

Quant au secteur minier du Nord du Québec, dont le potentiel serait mal connu, il est sans aucun doute appelé à se développer mais à certaines conditions (efforts d'exploration, accessibilité du territoire, mobilité de la main-d'oeuvre, coûts de production, teneur des gisements, etc.). Même si l'industrie du fer ne prévoit que stabiliser son niveau de production, le secteur minier devrait connaître un certain regain grâce à de nouveaux projets, axés sur l'exploitation de l'or dans les régions de Schefferville et de l'Abitibi-Témiscamingue, et du platine au nord de Schefferville, pour ne nommer que ces deux projets plus prometteurs.

Quant aux développements hydro-électriques, ils continueront sans doute de s'ajuster à la demande.

Enfin, même si la région demeurera pour longtemps encore un réservoir de ressources naturelles, c'est vers un développement à plus petite échelle, qui profite d'abord à ses populations, que devront être orientés les efforts au cours des prochaines années. Ce principe a été reconnu lors des forums qui ont porté sur le développement du milieu nordique au cours des trois dernières années.

Les initiatives locales comme les coopératives, les petites entreprises privées, l'exploitation de la faune, la mise en place de pourvoiries, la pêche commerciale et le tourisme sont souhaitables et nécessaires à la mise en place d'une économie plus diversifiée et plus stable. En matière de planification globale, il faut être conscient des relations parfois conflictuelles entre l'activité économique et l'héritage socio-culturel de ces milieux.

Même si depuis le début des années 1980 des efforts ont portés sur la formation de la main-d'oeuvre locale et la création de petites entreprises autochtones susceptibles de contribuer au développement des économies locales, les perspectives d'avenir demeurent liées à l'amélioration des compétences en région et aux initiatives du milieu. Les programmes d'enseignement et de formation sont des éléments clés d'une stratégie de développement économique, dans la mesure où le contenu des programmes répond aux besoins exprimés par les communautés.

La commercialisation de certains produits de la pêche et de la chasse peut également offrir des possibilités de développement économique, mais le plus souvent à une échelle locale.

Le tourisme, potentiellement générateur de divers types d'entreprises, notamment de services et d'occupations diversifiées, est susceptible de former les autochtones à diverses facettes de la gérance d'entreprises.

Quant à la planification des projets d'exploitation par la mise en valeur des ressources renouvelables et non renouvelables, elle doit faire partie intégrante des préoccupations des résidents du Nord. Les Cris du sud de la région sont d'ailleurs déjà passablement impliqués quant à la forêt.

Conformément à leur volonté, les divers organismes locaux et régionaux devront jouer un rôle majeur dans l'orientation du développement local et communautaire. Ils devront ainsi contribuer à augmenter les possibilités d'emplois, de carrières et d'affaires. C'est ainsi qu'ils pourront s'assurer un meilleur contrôle sur les leviers de développement qui les intéressent. Un référendum tenu récemment par les Inuit en vue de l'instauration d'un gouvernement régional vient appuyer cette volonté.

Mais les conditions du développement dans la région resteront toutefois difficiles. Les éléments inhérents au milieu nordique contribuent en effet à augmenter les frais de construction, d'entretien et de fonctionnement de tout équipement ou entreprise et, notamment, à compromettre la rentabilité de l'entreprise privée. La réduction des coûts de transport, tant pour les personnes que pour les marchandises de toutes sortes, représente un défi important à relever au cours des prochaines années.

La mise sur pied de services bancaires au niveau local est aussi une priorité tant chez les Cris que chez les Inuit qui veulent améliorer leur accessibilité à des sources de financement mais aussi stimuler l'épargne et susciter des investissements productifs.

CONCLUSION

Il est vrai qu'à maints égards, le Québec nordique est un monde en soi, monde fort différent du Québec méridional: différent par sa géographie, différent par sa population, différent par son économie.

Peu importe sous quel angle on l'envisage, son développement dans le sens le plus large, prendra sûrement un caractère particulier à cause même de ces différences et il devra répondre à la fois aux besoins des populations autochtones et de ceux de l'ensemble du Québec.

Pour les autochtones et les populations nord-côtières, il s'agit d'atteindre une qualité de vie comparable à celle des autres citoyens du Québec tout en préservant leur identité culturelle.

Au point de vue social, la société autochtone de demain sera sans doute très différente à cause notamment de l'accentuation de la stratification sociale due à des différences de richesse entre les salariés (services publics et parapublics notamment) et ceux qui continueront à pratiquer les activités traditionnelles.

Par ailleurs, les emplois créés par les projets hydro-électriques, la construction d'habitations et la construction d'infrastructures liées au désenclavement de certains villages, ne pourront assurer à long terme la stabilité économique des communautés autochtones.

L'exploitation des richesses naturelles autres que fauniques restera le mode privilégié d'intervention des Blancs. À cet effet, devra-t-on à l'avenir favoriser le peuplement du Québec nordique compte tenu des difficultés actuelles de Schefferville, Gagnon, Chibougamau ou Chapais, ou bien trouver de nouvelles formules qui favoriseront la mobilité des travailleurs entre les lieux d'exploitation et la ville d'accueil (fly-in, fly-out)? Pourra-t-on asseoir un développement continu et stable sur l'exploitation des ressources minières ou forestières?

En juin dernier, j'ai eu l'occasion de me rendre en Suède et en Norvège dans le cadre d'une mission gouvernementale. Le thème de cette mission d'étude portait sur les politiques de développement régional et leur impact sur les milieux à économie simple. Le nord de ces deux pays a constitué une bonne partie des préoccupations de notre mission. Nous avons été frappés par le large consensus social dans ces pays concernant la volonté de maintenir des populations dans leur région nordique. Les mesures concrètes qu'ont prises les gouvernements de ces deux pays sont à bien des égards exemplaires.

Je viens juste de vous tracer quelques-unes des perspectives de développement pour l'avenir du Nord du Québec. Les mesures qu'exige la réalisation de certaines orientations de développement sont, bien que structurantes, ponctuelles et soumises à des volontés changeantes.

Je ne peux éviter de comparer notre situation à celle des pays que j'ai visités lors de la mission à laquelle j'ai participé. Ceci m'amène à conclure que l'avenir de notre Nord devra aussi faire l'objet d'un large consensus de l'ensemble des Québécois, car une vision durable de développement nordique repose sur un choix de société.

Mais le développement du Nord québécois ne dépend pas uniquement d'une volonté politique d'occuper le Nord, d'apprivoiser ce territoire, de le développer et de le mettre en valeur. Il ne dépend pas non plus seulement de l'exploitation des ressources et de l'économie des marchés, il repose également sur une certaine forme d'auto-développement, ou de développement local par les communautés culturellement bien implantées dans cette région.

Un consensus social sur le développement du Nord québécois implique donc de concilier les composantes culturelles, économiques et politiques qui sous-tendent et permettent à la fois ce développement.

Il reste donc, je crois, à définir une façon de développer le Nord québécois en tenant compte de toutes ces dimensions. Une approche de développement régional doit nécessairement s'adapter à l'ensemble des conditions qui prévalent sur ce territoire, dans un souci de respect des populations nordiques et de l'environnement nordique en général. À cet égard, le gouvernement du Québec entend, dans sa politique de développement régional, moduler ses programmes et interventions de manière à les ajuster aux réalités nordiques.

Enfin, il m'apparaît évident que le développement du Nord québécois entraînera un désenclavement progressif des collectivités que l'on y retrouve. Il est aussi à prévoir que des liens culturels, économiques, sociaux et politiques de plus en plus étroits s'établiront entre les populations du Nord et les populations plus au sud. Tous les intervenants concernés doivent apprendre à gérer cette nouvelle dynamique autour d'objectifs partagés par l'ensemble des partenaires du développement nordique.

NOTES BIOGRAPHIQUES

JACQUES VÉZEAU

Jacques Vézeau est directeur général adjoint de l'Office de planification et de développement du Québec (OPDQ). Il a fait ses études en sciences commerciales à l'Université Laval et en administration à l'Université du Québec.

Monsieur Vézeau débute sa carrière comme professeur. On le voit ensuite au Conseil régional de développement de l'Abitibi-Témiscamingue (CRDAT), président de la Conférence administrative régionale de l'OPDQ (CAR.), délégué régional du Nord du Québec et secrétaire de la Régie interne de l'OPDQ. Il est également membre du Comité directeur du programme expérimental de création d'emplois communautaires (PECEC).

Jacques Vézeau fut négociateur pour les enseignants à trois reprises et fut également président de l'Association des enseignants du Nord-Ouest québécois. De ses nombreuses activités passées, mentionnons sa présence au sein du conseil d'administration du Conseil économique régional du Nord-Ouest québécois (CER-NOQ).

Jacques Vézeau a fait plusieurs stages d'études en France et en Belgique. Il revient cette année d'un stage en Scandinavie; il était responsable d'une mission en Suède et en Norvège sur la diversification des villes mono-industrielles.

CHAPITRE II

LE DÉVELOPPEMENT DU TERRITOIRE DANS UN ESPRIT MULTI-ETHNIQUE

SOCIO-ECONOMIC DEVELOPMENT IN A MULTI-ETHNIC SPIRIT WITHIN THE FRAMEWORK OF THE JAMES BAY AND NORTHERN QUEBEC AGREEMENT

MATTHEW COON-COME

CHIEF, GRAND COUNCIL OF THE CREES

RÉSUMÉ

Monsieur Matthew Coon-Come a adressé une vigoureuse mise en garde contre toute tentative d'orienter le développement de la Baie James d'une façon qui ne serait pas conforme à la lettre et à l'esprit des accords de la Baie James. Plus qu'un traité, ce document, obtenu de haute lutte, constitue une charte constitutionnelle qui donne le droit au peuple qu'il représente de gouverner ses propres communautés en plus de lui donner un rôle premier dans le développement du territoire de la Baie James.

Il a rappelé que lorsque l'Hydro-Québec a voulu apporter des modifications au complexe hydro-électrique de la Baie James, la Société d'État a dû entreprendre des négociations préalables avec les Cris, ce qui a amené les accords de La Grande en 1986. Ces accords confirment encore une fois, a souligné monsieur Coon-Come, qu'aucun projet de développement ne peut être entrepris sur le territoire de la Baie James sans le consentement formel des Cris.

Le peuple cri, a-t-il encore rappelé, est fondamentalement opposé à tout projet qui ne respecterait pas ses intérêts. Il a mis en garde les compagnies forestières et minières qui ne respecteraient pas ce droit établi par la Convention de la Baie James.

Monsieur Coon-Come a tenu à préciser que les Cris participent au Symposium à titre de premiers et principaux résidents du territoire de la Baie James. Ce qui est fondamentalement différent de l'approche du Symposium, qui veut regrouper les divers groupes ethniques, culturels et économiques impliqués dans le développement du territoire nordique. Il a clamé bien haut ce qu'il a appelé "un fait historique et une réalité du présent": les Cris sont les premiers et les principaux résidents du territoire de la Baie James.

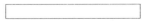

ABSTRACT

Mr. Matthew Coon-Come gave a serious warning against any attempt to give the development of James Bay an orientation that would not be in accordance with the specifics and the spirit of the James Bay Agreements. This hard-earned document, which represents more than a treaty, constitutes a constitutional charter, allowing the people it represents to govern their own communities besides giving them a first-hand role in the development of the James Bay Territory.

He noted that when Hydro-Quebec wanted to make changes to the James Bay hydro-electric complex, the Crown corporation had to undertake prior negotiations with the Crees which led to the La Grande agreements in 1985. As Mr. Coon-Come emphasized, these agreements confirmed once more that no development project could be instigated on the James Bay Territory without the Crees' formal consent.

"The Cree people", he further noted, "is fundamentally opposed to any project that would not respect its interests". He served a warning to mining and forestry companies who might be tempted not to respect this right, established by the James Bay Agreement.

Mr. Coon-Come insisted on saying that the Crees had participated in the Symposium as the first and main residents of the James Bay Territory. This was fundamentally different from the Symposium's outlook, which aimed at bringing together different ethnic, cultural and economic groups involved in the development of the northern territory. He took the stand to assertain what he called «un fait historique et une réalité du présent» (a historic fact and an actual reality); the Crees are the first and main residents of the James Bay Territory.

INTRODUCTION

The James Bay Cree Indians are one of the original inhabitants of Northern Quebec and come from a single ethnic and cultural group spreading across the northern part of the Province of Quebec between the 49th and 55th parallels.

There are nine communities: Mistassini, Waswanipi, Nemaska, Waskaganish, Eastmain, Wemindji, Chisasibi, Whapmagoostui and Oujé-Bougoumou.

In addition there are a number of Crees living in Non-Cree settlements in Northern Quebec. There are also additional Cree communities which, I am sure, will be established from time to time.

We number approximately 10,000 people.

OBJECT OF THE CONFERENCE

This conference gives us the opportunity of making it clear that our presence and our involvement in the development of the James Bay territory is a fundamental social, political and legal reality and requirement.

The James Bay and Northern Quebec Agreement is still the major and definitive document in dealing with all development in the territory.

The Agreement is not simply one which confirms an arrangement between one particular group of people and society as a whole.

This Agreement foresaw the rational organization of a territory greater than 410,000 square miles with the direct and immediate involvement of the Crees at all levels. It is no accident that it is the object of numerous pieces of provincial legislation. It is confirmed by federal statute and is protected and specifically contemplated in the Canadian Constitution.

For those of you who are not lawyers and find it difficult to go through the whole Agreement, I suggest that you take a look at the speech by Mr. Ciaccia, inserted at the beginning.

The speech was produced in the euphoria of the signing of the document, but you will note that many of the principles stated in the speech are those which were expressed over and over during the negotiations. Our position as principal architects and overseers for development was recognized and accepted by Quebec. We have brought copies of the speech in English and French for your review.

I understand the concerns that have been expressed by many non-natives in the territory with respect to their attempts to develop certain economic and administrative areas in the region.

I must make it clear however, that the Agreement itself, the series of provincial laws adopted by Quebec to give effect to it and the specific regimes dealing with hunting, fishing and trapping, development, environmental protection, policing, education, health, governmental and para-governmental activities and social programs applicable to prevail and serve as the basis upon which development may proceed.

The Agreement was the climax of a long and intensive effort by ourselves to preserve our way of life and to have our rights as the aboriginal and modern occupants of a large part of Northern Quebec respected.

The Agreement is a comprehensive and global document and reads more like a constitutional charter of a small nation than a treaty .

It was intended to allow us to become decision-makers of our own future, to allow us to govern our own communities, to become self-sufficient and to play an important and primary role in the development of lands in the James Bay territory.

The Agreement was not intended to be a fixed and static legal document, but rather a flexible one which will evolve over time and enable our communities to continue to play a role in northern development as they develop and grow.

HYDRO-ELECTRIC DEVELOPMENT

We have made our position clear, particularly with respect to future hydro-electric developments in the territory.

We have gone before the National Energy Board and made it clear in a public forum that, if Hydro-Quebec or the Government of Quebec wish to proceed with their hydro-electric projects in the territory, they will have to talk to us first.

This may seem to be somewhat of a selfish perspective, but what is often forgotten at conferences like this and at similar gatherings, is that we are still the principal residents and first peoples of this land.

This is a fact of history and a reality of the present.

Economic development in particular is a real priority of our people and will help build and sustain the territory.

The rules, however, have to be followed.

I see forestry and mining development taking place without the formal application of the regimes regarding the environment, land, and hunting, fishing and trapping which we have put in place.

It seems to be a characteristic of a southern society that you continue to flaunt the rules and proceed as you wish until someone steps in and stops you.

For those forestry and mining companies who are doing so at this point, I can only tell you that we will be taking a much more aggressive attitude in ensuring that all of our lands, Category I, II and III are protected and we will take the necessary steps to ensure that these resources are available to our future generations.

The background documentation for this conference tells you that Category III lands are open for development without restriction and control by the Crees.

Don't believe it!

We still have certain rights and influence in these development projects and will use our rights as required.

ATTENDANCE OF THE CREES AT THIS CONFERENCE

Let me deal now with another important question.

It is, I think, extremely important for you to realize that we are attending this conference only after significant internal debate and discussion.

The objective of this symposium is to regroup the various ethnic, cultural, and economic development groups in the territory in order to look at the future development of the area and come to a consensus on how this is to take place.

This is a fundamentally different approach to our basic position which is being confirmed and clearly stated in both the James Bay and Northern Quebec Agreement and now, in the Constitution.

In 1975, it took court proceedings and the threat of stopping the La Grande hydro-electric project to ensure that the Agreement was signed and accepted by the government. The Agreement clearly stated that we are to be the principal persons involved in the administration of Northern Quebec.

We are the principal group of Northern Quebec.

We have aboriginal and cultural rights which must be respected and not infringed upon. I protest at being classified as one of many ethnic and cultural groups in the North. In the James Bay territory, the Crees occupy one side of the table and the non-native groups the other.

Having come from Mistassini, I understand to a great extent the concerns and bitterness that some of the non-native communities in the territory have with respect to the rights and privileges confirmed by the Agreement and by provincial and federal legislation.

The fact is, however, that these rights and privileges flow from the Agreement and from our situation as the aboriginal and first people of this territory.

We must live together in the future and grow and prosper.

Many of you know that the momentum created by our own activities – construction, education, health, forestry, transport, local and regional government – spur the economy of a good part of the territory.

A great deal is left to be done, but our own projects are a mainstay of the healthy development of our region.

The Agreement recognizes our right to sit as equal partners at the table when discussions on development take place. With it as our guide, we are willing to work jointly with you.

Beware however!

It is hard to deal with a situation where the government and the forestry compagnies have already allocated the best cutting rignts for themselves.

We have trouble when our Cree transport companies are refused at every turn for air or road permits.

We object when the James Bay Development Corporation and the James Bay Municipality do everything in their power to weaken our rights and compromise the future of the Oujé-Bougoumou Crees.

We stated our position clearly before the Gendron Commission and reiterate it today. Development can only take place with us and in the context of the deal we made under the James Bay Agreement.

We can be ignored and resented – but we, our people, our communities, our lands and our inalienable and inherent rights will not go away.

L'OPTIQUE DES CRIS DU TERRITOIRE DE LA BAIE JAMES

TEXTE COMPLÉMENTAIRE
À L'ALLOCUTION DE MATTHEW COON-COME

À l'occasion du Symposium international sur l'avenir du Nord québécois, nous avons jugé opportun de fournir aux participants quelques renseignements de base qui leur permettront de mieux comprendre l'expérience des Cris de la Baie James relativement à la mise en valeur du territoire de la Baie James, ainsi que l'évolution des rapports entre les autochtones et les non-autochtones de cette région.

1. LES RETOMBÉES DE LA LOI SUR LE DÉVELOPPEMENT DE LA RÉGION DE LA BAIE JAMES (1971)

La loi mentionnée ci-haut a eu des répercussions sociales importantes, à la fois pour les communautés autochtones et non autochtones. Il y a lieu de réfléchir sur les conséquences de cette loi dans le cadre de cette conférence sur le Nord québécois. Les Cris, tout comme les municipalités dites "enclaves", ont dû s'adapter à la présence de la Société de développement de la Baie James durant la construction de la première phase du Complexe La Grande. En effet, la Société de développement de la Baie James était un des signataires de la Convention de la Baie James.

L'utilisation des terres par les Cris suit un mode essentiellement uniforme à travers la région de la Baie James. Par ceci, nous voulons dire que le système de territoires de chasse des Cris se répartit dans l'ensemble de cette région, sans égard aux catégories de terres (Catégories IA, IB, II et III). L'organisation sociale des activités de subsistance est fondamentalement la même dans chacune de ces catégories de terres. Par conséquent, les préoccupations exprimées par les Cris face à la perte de terres ou de ressources fauniques concernent l'ensemble du territoire. Il est donc naturel que les Cris s'intéressent à l'aménagement du territoire au niveau régional et qu'ils tiennent à avoir une part active dans les activités gouvernementales ayant trait à cet aménagement.

Les Inuits du Nord québécois ont pu bénéficier, à la suite des négociations qui aboutirent à la Convention de la Baie James, de l'établissement du gouvernement régional Kativik. Ainsi, leur zone d'influence a pu s'étendre jusqu'au 55e parallèle. Cette ligne de démarcation, faut-il souligner, traverse aussi les territoires de chasse des communautés de Whapmagoostui, Chisasibi et Mistassini.

Il fut impossible pour les Cris, en 1975, d'obtenir le même statut quant à leur degré de participation dans l'administration publique des terres de la Catégorie III. La municipalité de la Baie James qui n'est pas, à notre avis, représentative des habitants de cette région est demeurée intouchée par la Convention de la Baie James. Un Conseil régional de zone a été établi pour les terres de la Catégorie II; plusieurs des personnes associées à cette expérience considèrent que ce concept n'a pas donné de résultats concrets.

La Société de développement de la Baie James avait initialement un mandat qui était, dans les faits, directement lié à la réalisation de la première phase du Complexe La Grande. Celle-ci étant maintenant terminée, il y a lieu de revoir le rôle et le fonctionnement des structures régionales, en tenant compte de l'optique des collectivités autochtones et non autochtones de la région. Au nord du 51e parallèle (approximatif), il nous paraît logique que les intérêts des populations cries soient reconnus; ainsi (avec la participation éventuelle de Hydro-Québec) nous aurions le noyau d'une véritable administration à caractère municipal pour la partie septentrionale du territoire de la Baie James.

Plus au sud, le territoire est utilisé conjointement par les autochtones et les non-autochtones. Il s'agit ici principalement des terres qui se trouvent entre les 49e et 51e parallèles de latitude; ce sont des terres qui font l'objet d'une exploitation forestière et minière. Il y a un réseau routier important, ainsi que de vastes assiettes de coupe qui reflètent l'activité forestière accrue des dernières années. Ici, il nous paraît tout à fait justifié de parler d'un partenariat entre les autochtones et les non-autochtones au niveau de l'aménagement des terres et de leur mise en valeur. L'élément clé est donc le "partenariat"; certains éléments du concept de la Municipalité régionale de comté (M.R.C.) nous semblent prometteurs. Cependant, il y aura lieu d'adapter ce concept aux réalités géographiques et politiques de cette partie du territoire de la Baie James. Il faut d'ailleurs garder à l'esprit qu'il existe plusieurs possibilités de concertation en vue de l'étude conjointe de solutions à apporter aux problèmes vécus par les deux collectivités.

Nous avons profité des consultations menées par l'ancien ministre François Gendron, dans le cadre des audiences sur "Le Choix des Régions", pour faire part au gouvernement de nos préoccupations à ce sujet. Nous les avons d'ailleurs explicitées lors des travaux du Comité de consultation qui avait été créé afin d'évaluer le bien-fondé de l'établissement d'une ou plusieurs M.R.C., dans la partie sud du territoire de la Baie James. Mais le rapport de ce comité de consultation est, à certains égards, injuste envers les

communautés autochtones et par rapport à la Convention de la Baie James et du Nord québécois. Cette Convention est présentée comme un obstacle plutôt qu'un outil de mise en valeur. Nous croyons que cette perspective ne reflète pas la réalité. D'ailleurs, certaines orientations de ce symposium témoignent des mêmes attitudes envers les communautés autochtones en sous-entendant que les Cris portent peu d'intérêt au développement de la région.

Les Cris de la Baie James sont conscients des préoccupations des municipalités "enclaves" de cette région. Toutefois, ils souhaitent que les non-autochtones, pour leur part, prennent le temps nécessaire pour étudier les préoccupations des autochtones et se rendre compte du caractère artificiel des structures administratives que possèdent la Société de Développement de la Baie James et la Municipalité de la Baie James.

2. LES COMMUNAUTÉS CRIES ET L'ÉCONOMIE RÉGIONALE DU TERRITOIRE DE LA BAIE JAMES

Les communautés cries, tout comme de nombreuses localités du Bouclier canadien, doivent se soucier de leur avenir économique. Elles ne peuvent se fier uniquement au système de paiements de transfert qu'elles ont connu durant les dix dernières années. Ceci ne devrait pas surprendre puisque les problèmes des Cris sont ceux de centaines de communautés nordiques au Canada.

L'intégration des communautés cries à l'économie régionale est essentielle, tout comme celle des autres populations nordiques. La chasse, la pêche et le trappage constituent, et constitueront dans un avenir prévisible des éléments importants de notre économie. Ils sont la principale source de revenus d'environ la moitié des ménages cris. Le programme de sécurité du revenu, tant pour les aînés que pour les jeunes couples, permet d'atténuer les effets du manque d'emplois. Il agit également comme tampon pour les Cris qui n'ont pu vraiment bénéficier du système scolaire cri. Malgré son importance pour le maintien de l'intégrité de notre tissu social, nous ne pouvons aucunement prétendre que cette économie de subsistance suffira au développement des villages cris.

Nous avons souvent eu l'impression par ailleurs que les non-autochtones ne prennent pas en considération l'impact économique des Cris sur les municipalités dites "enclaves". La mise en place des infrastructures municipales dans les communautés cries depuis 1975 a été appuyée sur la main-d'oeuvre et l'expertise provenant des communautés non autochtones. Cette participation économique dans la reconstruction des villages cris a également

servi à minimiser les effets du ralentissement des opérations minières et forestières. Les biens nécessaires aux activités de chasse, de pêche et de piégeage (de l'ordre de 1 à 1,5 millions de dollars par année) sont pour la plupart achetés à l'intérieur de la région de la Baie James.

Les Cris ont depuis longtemps essayé de jouer un rôle dans l'industrie forestière de la région de la Baie James. Durant les années 1970, ils se sont vus confrontés aux problèmes posés par les aménagements hydro-électriques tandis qu'au même moment l'industrie forestière régionale connaissait une expansion très importante. Plusieurs des usines à grande capacité ont été construites au début des années 1970. Ce n'est que quelques années plus tard que les inventaires forestiers ont démontré le déséquilibre au niveau régional entre la demande et l'offre en matière ligneuse. D'autre part, les conséquences de la mise en application de la nouvelle Loi sur les forêts nous préoccupent vivement.

Cette expérience nous a laissés songeurs quant aux vraies intentions du gouvernement du Québec. À plusieurs reprises, nous avons manifesté notre intérêt pour l'industrie forestière de la région; à plusieurs reprises également, on nous a fait miroiter des possibilités de droit de coupe qui auraient permis aux Cris d'investir dans la construction d'une usine de transforrmation du bois. Mais ces offres, qui datent de 1974, ne se sont jamais concrétisées. Maintenant, avec la nouvelle Loi sur les forêts, il est pratiquement impossible que les Cris puissent acquérir des droits d'exploitation de la forêt hors des terres de la Catérogie I, où les possibilités de coupe sont par ailleurs limitées.

En même temps, les chasseurs cris subissent les répercussions de la coupe à blanc qui s'étend sur des superficies de plus en plus vastes. Ceci constitue sans aucun doute la menace la plus sérieuse pour le maintien de l'organisation sociale et économique de la chasse dans les collectivités de Waswanipi, Oujé-Bougoumou et Mistassini (dans sa partie sud). Dans le cas de la Bande de Waswanipi, les terres de la Catégorie II constituent maintenant la plus importante réserve de forêt mature non exploitée; et il est prévu que cette forêt sera complètement exploitée dans les vingt prochaines années. À travers la partie sud du territoire de la Baie James, nous sommes donc témoins d'une réduction notable des territoires nécessaires au maintien des activités de chasse, de pêche et de trappage. Il en résulte que la survie de l'économie de base des communautés comme Waswanipi apparaît déjà compromise.

Le même genre d'historique pourrait être dressé pour le secteur minier. Dans ce cas cependant, il faut tenir compte des règles du jeu qui ont servi à contrôler la sélection des terres . Les critères de sélection des terres ont eu pour effet de limiter au strict minimum l'attribution aux Cris de terres ayant un potentiel minier. Ceci ne veut pas nécessairement dire que la sélection des

terres fut tout à fait inutile, mais les perspectives de développement économique pour les Cris furent sévèrement limitées par la Convention de la Baie James et du Nord québécois.

Nous souhaitons apporter un dernier exemple des plus convaincant, celui de la pourvoirie. En 1975, lors des négociations de la Convention de la Baie James, l'industrie de la pourvoirie était identifiée comme un secteur de développement économique offrant un potentiel particulier pour les autochtones. Ce constat découlait du droit de premier refus établi au Chapitre 22 de la Convention de la Baie James. Aujourd'hui, en 1987, nous considérons toujours que la pourvoirie constitue une avenue intéressante de développement. Nous nous sommes intéressés surtout au territoire accessible à partir de la route qui relie Matagami à Radisson. Cependant nous sommes entrés directement en compétition avec la Société de Développement de la Baie James. Celle-ci a contesté devant les tribunaux l'application du droit de premier refus mentionné ci-haut. De plus, la Municipalité de la Baie James, de concert avec la ville de Matagami, a procédé à l'établissement de points de service le long de la route, au nord de Matagami. Ces démarches ont été entreprises sans la participation des Cris et sans l'application du régime régissant l'établissement des pourvoiries sur le territoire de la Baie James. Ceci profite sans doute à la ville de Matagami, mais une telle démarche enlève aux gens de Waswanipi encore une autre possibilité de mise en valeur de leurs territoires de chasse et de pêche.

Ces quelques notes serviront, nous l'espérons, à justifier la participation active et constructive des Cris dans l'administration des terres ainsi que dans l'aménagement du territoire de la Baie James.

NOTES BIOGRAPHIQUES

MATTHEW COON-COME

Matthew Coon-Come est membre de la bande de Mistassini. Grand chef des Cris du Québec depuis septembre 1987, il était directeur exécutif du Grand conseil des Cris depuis février de la même année. Monsieur Coon-Come a été chef de la bande de Mistassini de 1981 à 1986 et a agi à titre de membre du conseil d'administration du Grand conseil des Cris et du Conseil de l'administration régionale crie. Pendant ses treize années d'expérience au niveau local, M. Coon-Come fut conseiller de bande et nommé sur différents groupes de travail cris. Il fut directement impliqué dans les négociations concernant la Loi sur les Cris et les Naskapis du Québec.

Matthew Coon-Come est spécialisé en études autochtones, sciences politiques, économie et droit. Il a étudié à l'Université Trent en Ontario et à l'Université McGill au Québec.

THE INUIT AND THEIR APPROACH TO MULTI-ETHNICITY

MARK R. GORDON

PRESIDENT, MAKIVIK CORPORATION

RÉSUMÉ

Les groupes ethniques sont constitués autant par les Français et les Anglais que par les autochtones. Tous ces peuples doivent être égaux. Pour le Nord du Québec, la Convention de la Baie James et du Nord québécois a influencé grandement le développement des populations habitant ce territoire. Tout ceci a créé beaucoup de changements. La participation des autochtones à la vie économique en est un très important.

Auparavant, les peuples autochtones ne prenaient que les décisions secondaires; en réalité les vrais patrons demeuraient les gouvernements. Maintenant, les autochtones prennent leurs décisions; ils dirigent leurs municipalités et cette nouvelle situation atténue les tensions raciales.

Il reste encore des différences entre le Sud et le Nord. Selon monsieur Gordon, les règlements sont faits pour les gens qui vivent au Sud et non pour ceux qui vivent la réalité nordique. Les syndicats ont établi les règles du jeu pour leurs travailleurs. Les autochtones sont confrontés à des problèmes de langue, par exemple. Les examens sont faits en anglais, les blancs reçoivent plus que les peuples autochtones. "Nous voulons avoir les mêmes droits, les mêmes chances que les peuples du Sud; nous voulons l'égalité de nos chances, que ce soit au travail ou ailleurs", de souligner monsieur Mark R. Gordon. Les autochtones ne doivent pas rester des "journaliers perpétuels", le potentiel, la compétence et l'expérience sont là. Ils veulent avoir la chance de les exploiter, de les exprimer.

ABSTRACT

Ethnic groups are composed just as much of French and English people as of natives depending on one's perspectives. All of these people must be equal. In Northern Quebec, the James Bay and Northern Quebec Agreement has had considerable influence on the development of people living in this territory. All of this has engendered many changes. The participation of the natives to the economic life is an important one.

In the past, the native people took only the decisions on a secondary level; the real "bosses", in fact, were the governments. Now, the natives take many more decisions; manage their own towns. This new attitude has alleviated racial tensions.

Differences still exist between the North and the South. According to Mr. Gordon, the rules were set for people living in the South and not for those experiencing the northern reality. The unions have established the rules of the game for their workers. For example, the natives are confronted with language problems. Exams are written in English; whites get more than the native people. "We want equal rights, the same chances as the people of the South; we want equal chances with work or elsewhere", emphasized Mr. Mark R. Gordon. The natives must not remain «perpetual labourers»; potential, competency and experience are all there. They want a chance to manage and express these aspects.

First, I would like to thank the organizers for giving us this opportunity to speak before so many people involved in the North. I haven't been here very long but I have noticed a great many people with whom I've had dealings with over the years, and hopefully will continue to have over the years to come.

I've been asked to speak on the multi-ethnic nature of development in the North. As I was thinking about this topic I wondered from which point of view I should discuss it. As far as the Inuit are concerned, all the French and English people from the South are ethnic minorities in the North, where they form only about 15% of the population.

In spite of its flaws, the James Bay and Northern Quebec Agreement is a very important element of our development. It has touched many aspects of our lives in the North and it also gave us the means to participate in western-style economy and western society. It is a tool that has enabled us to work out many of the major arrangements now in force between ourselves and the government.

Its impact has been tremendous on the Inuit, in terms of services, housing, health care and control over the education system. It has tremendously improved the standard of living in our communities. To give an example of what it was like before the James Bay Agreement, I'll mention some of my quite worn-out examples. Prior to the Agreement, the Inuit were allowed to have Municipal Councils with very limited authority. However, most of the decisions were taken by government agents. Usually the decision was handed down from the government agents, and the councils were more or less asked to figure out how to implement these decisions.

In education, we had two systems in the region, one federal and one provincial. Under the federal system, we didn't even have a committee or an advisory committee to deal with our schools.

The provincial government was somewhat more democratic. They allowed us to have parent committees in each of our communities, but their authority was limited to two things: hiring and firing the janitor in the schools and hiring and firing the person that picked up the kindergarten children in the morning and in the afternoon and took them back home!

This caused a great deal of racial tension in the communities because people from the outside were making all the decisions, and the Inuit had no choice but to follow them. Government agents decided who got jobs, welfare or housing. In fact they took away the internal power structure of these small societies in isolated communities. They ran the show. And this created quite a bit of tension.

So, advances have been made since the James Bay Agreement. We now have control of our communities, we run our own municipalities, we have control of our education system, although development is slower than we would like.

More work needs to be done in the area of curriculum development, to introduce more native programs into the schools.

Nevertheless, the Inuit have more control of their communities and services. Outsiders do not have the kind of direct control over our lives that they used to have; many of the French and English people who now reside in northern communities are our employees.

This being said, there are still some areas that need more work. There is potential for souring racial relations in our communities, and these are some of the causes.

Most of the work that is done in the North has now become more and more unionized. In theory the unions are supposed to protect the workers, to watch out for their rights; in practice, what unions have meant in the North is to ensure that white people get the jobs and the natives don't.

I'll give you an example. I know a man who has worked as a carpenter for twenty-five years for the Quebec government. But if I was to hire this man who has twenty-five years of experience and, in my view, is fully competent in his trade, according to union rules, he would have to pass an exam to be certified as a carpenter. However, he cannot write the exam in either French or English, he can only write in his own language, inuktitut; since the exam is not given in inuktitut, he cannot be certified as a carpenter.

Therefore if I hire him it is illegal for me to pay him the appropriate wage for his skill level. I am forced by regulations to pay him as a labourer, an unskilled labourer.

We should not be exempt from the benefits or the protections of these institutions simply because we speak the "wrong" language.

There has been some movement forward in the teachers' unions and the hospitals, but it is only a beginning. There has been small progress.

Another problem is that many union agreements provide special subsidies, for people from the outside. We did a very brief study about three years ago comparing subsidy levels given to native people and to the non-natives. We found out that in some areas, particularly in the public sector, a native person and a non-native person with exactly the same qualifications could get basically the same wages but in most instances the native person would get a little bit less.

The real difference was that the non-native person who was brought in from the South, protected by the union, would have much higher housing subsidies, direct subsidy for food, cargo allowances, and paid trips for vacations to the South. When you put all this together and figure out how much it means in dollars, it turns out that they obtained as much as 150% more than the local person doing the same job. As a result, people who have the highest wages also have the least costs due to these subsidies.

Many of these predicaments are the main ingredients for revolutions in other countries, yet they are elements of the situation we are facing today.

I'm not a big fan of the unions because of what little they have done in our area. If they really wanted to protect the workers, to guard the underdog, then they should be involving the native people. We should not be excluded because we speak the "wrong" language or because we are the "wrong" color. We should be entitled to the same benefits as non-natives who come up North.

As for the multi-ethnic nature of economic development, what happens is that private entrepreneurs in the communities cannot match the wages offered by government institutions and therefore cannot hire skilled workers who prefer taking lower level jobs with the government because they can get a higher wage and all these benefits. So private business is left with those who are least employable.

This also can and will cause racial tensions if these issues are not resolved directly.

I wanted to bring out this problem because I think that there are a great number of people here who are not even aware of this discrepancy. They are not aware that their government is subsidizing the wealthiest people to the highest degree and the poorest ones to a lesser degree.

If we are going to have good development in the North and if everybody is going to participate equitably in it, we will need some affirmative action programs to bring the native people up to an appropriate level of participation. Many government agencies think that what we want is a full-time babysitter; that's not true. We want to be equal partners in business. Let me give you an example. Hydro-Quebec needed aircrafts to operate in the region. Instead of tendering contracts to the two native-owned airlines of the region to bid on, they gave the contract to Quebecair without tender.

When government institutions take a look at developing Quebec expertise, they usually mean that they want to bring in somebody from the South to do the job no matter how ready we may be to take it on. We are not even given a chance to bid on the job.

We must be given the opportunities, or at least a fair shake at opportunities that are coming up. There are going to be more development projects in the North; there will be hydro development and mineral development. If we are not even given a chance to bid on these contracts we will never be able to participate as equal partners in this development and that is likely to affect race relations.

We need to feel that we have as much of a chance at a job as the guy that's coming in from the South. We have to feel that.

Since labor regulations have been applied in the North, many of the native people who used to have jobs in trades such as plumbers, electricians, mechanics, etc., cannot be paid their full wages because they have to be hired as unskilled labourers. We asked the government a few years back to change that rule so that specialized Inuit workers would have the chance to get in; at least the older workers who have been working in these trades for the past twenty years or more.

The young workers can go through the certification system and training schools. That's no problem. But what about the real leadership in our community that's being pushed aside?

The providers in our families were the elders. They have no means to provide now. That's been taken away. Social unrest starts there because the providers in our society are not allowed to provide. They are not allowed to work at their trades. What has happened is that now it is their sons, their nephews, and their daughters who are getting the jobs, and not the providers, which is turning the power structure of the community inside out.

These are some of the implications of these rules which are drafted up in the South and are applied to the North without adjustments.

We asked before a parliamentary commission that the government change union rules. They said they would call us back; they liked our presentation, we had the support of all the parties at that commission. The Human Rights Commission supported us also. The unions supported our submission. We did not even get one call back on how to change those regulations, not one call. Everybody said "Yes, this is a good cause, you're right, let's do something about it". But nothing has been done.

So there has been all this development in the North since the signing of the James Bay Agreement. On infrastructure and government services alone, the Inuit have acquired over one billion dollars in the last ten years. That is a lot of money, but only about 10% of that money stayed in the North. The rest went straight South.

We fought hard to obtain housing for the communities, but housing units were built by construction workers from the South while the local people remained unemployed.

We want the economic spin-offs from the development. We are not getting our fair share of that. We are prepared to try to work within the governmental system. I think we've demonstrated this very clearly in the past ten years. We've tried to play within the rules and we are prepared to continue to do so, but there are people back home that are extremely frustrated about the situation. And they often blame the James Bay Agreement for this.

However, the James Bay Agreement said nothing about unions and regulations, because the Inuit were supposed to be getting priority on contracts, especially on those for goods and services that were to be for our benefit, for the benefit of our communities.

The native people were supposed to get first crack at those jobs. These provisions have never been implemented. All this money being put up through the North, all this development is going on... all these jobs that are being created and we were forced to employ workers from the South and not even our own people.

This situation, if it's allowed to continue, will create great social unrest in our communities.

We've been quite involved in trying to develop our area on our own initiative. Makivik is only one institution among many. The Federation of Coops is also another institution that is involved in developing the area, and so is the Kativik Regional Developement Council.

Through their own avenues, all these institutions are trying to promote the development of the area.

Well Mr. Chairman, it appears that my time is up...so I would like to end by again thanking you for inviting me to attend your conference, and hope that my presentation has shed some light on the important issues being discussed here today.

NOTES BIOGRAPHIQUES

MARK R. GORDON

Mark Gordon est né à Kuujjuaq le 30 mars 1953. En 1972, lorsque les discussions autour des revendications territoriales de la Baie James et du Nord québécois commencent, il quitte ses études à Ottawa pour assumer le rôle de négociateur en chef pour la Northern Quebec Inuit Association (NQIA).

Après cette intense période ayant conduit à la signature de la CBJNQ en 1975, Mark Gordon devient conseiller auprès du gouvernement fédéral concernant les Affaires arctiques et inuit. Il fut également membre de la délégation canadienne à la Law of the Sea Conference tenue aux Nations Unies à New York.

Plus tard, il occupa la position de directeur exécutif pour Inuit Taparisat of Canada à Ottawa jusqu'en 1977, où il retourne à Montréal travailler une année à titre de directeur par intérim du Conseil de Makivik.

En 1979, M. Gordon accepte le poste de gérant général pour l'administration régionale Kativik. En 1980, il est élu premier vice-président de Makivik, poste qu'il occupe jusqu'en 1982 où il devient coordonnateur politique pour The Inuit Committee on National Issues (ICNI) à Ottawa.

De 1983 à 1985, il agit à titre de premier vice-président de la Corporation Makivik. En mars 1985, il en devient le président, et l'est encore aujourd'hui.

À la conférence circumpolaire inuit (ICC) de 1983, Mark Gordon est élu au conseil exécutif. Il devient vice-président de ICC pour le Canada.

Mark Gordon est aussi vice-président du Native Economic Development Program (NEDP).

THE HISTORY OF GREENLAND'S AUTONOMY IN RELATION TO THE CENTRAL GOVERNMENT OF DENMARK

FINN LYNGE

CONSULTANT TO THE DEPARTMENT OF FOREIGN AFFAIRS, GOVERNMENT OF DENMARK, COPENHAGEN

RÉSUMÉ

C'est onze siècles de lutte pour l'autonomie du peuple du Groenland que monsieur Lynge a raconté dans son bref discours de vingt minutes.

L'autonomie, le peuple du Groenland la connaissait puisqu'il formait déjà un peuple complètement indépendant au 9ᵉ siècle. Ils perdirent cette précieuse liberté au 18ᵉ siècle quand les colonisateurs danois les intégrèrent au Royaume du Danemark. Pire qu'une colonie, le Groenland fut alors considéré comme une réserve: personne ne pouvait y entrer ou en sortir sans une permission écrite portant le sceau du gouvernement danois.

Au cours de la Deuxième Guerre mondiale, le Groenland connut ce qu'on pourrait appeler une autonomie accidentelle. Séparé du Danemark, qui était occupé par les Allemands, le Groenland fut envahi par les Américains, qui tinrent compte de la capacité des aborigènes de gérer leurs propres affaires et leur offrirent de meilleures conditions de vie.

Après la guerre, il n'était plus question pour les gens du Groenland de retourner en arrière. Leurs réclamations amenèrent le gouvernement à tenir, auprès des Danois seulement, un référendum qui leur valut une nouvelle constitution. Le gouvernement adopta également une politique de normalisation qui, entre autres choses, donna accès au système d'éducation danois aux Groenlandais. Et c'est dans les universités danoises que les jeunes gens du Groenland découvrirent qu'ils appartenaient à une entité ethnique vraiment différente. Cette prise de conscience intensifia le mouvement autonomiste groenlandais et amena la proclamation de l'indépendance du Groenland en 1979. Les gens de ce pays ont depuis ce temps une assemblée législative et un gouvernement autonome qui a juridiction sur les affaires internes, tout en faisant partie du Royaume du Danemark.

Monsieur Lynge a terminé son allocution en déclarant que "le temps est venu de tendre la main à notre plus proche voisin, c'est-à-dire le Canada", bien que, a-t-il glissé à la toute fin, le Canada n'a un consulat au Groenland que depuis un mois seulement.

ABSTRACT

In a brief 20-minute speech, Mr. Lynge related the 11-century stuggle for autonomy by Greenland's people.

During the 9th Century, the people of Greenland were autonomous because they were already a completely independent nation. They lost this precious autonomy during the 18th Century when the Danish pioneers annexed them to the Danish Kingdom. Worse than a colony, Greenland was considered as a reserve: no one could enter or leave it without a written consent bearing the Danish Government's seal.

During the Second World War, Greenland lived through what could be termed "an accidental autonomy". Separated from Denmark which was occupied by the Germans, Greenland was invaded by the Americans who showed a better understanding of the natives' capabilities to manage their own businesses and give themselves better life conditions.

After the war, the people of Greenland no longer wished to return to the old ways. Their complaints forced the government to hold a referendum, within the Danish people only, which gave them a new constitution. The government also adopted a normalization policy which, among other things, gave the people of Greenland access to the Danish system of education. It is in the Danish universities that the youths of Greenland discovered that they belonged to a distinctly different ethnical entity. This awareness intensified Greenland's independence movement and resulted in Greenland's proclamation of independence in 1979. The people of this country have, since then, given themselves a legislative assembly and an autonomous government which has jurisdiction over internal matters while, at the same time, being part of the Danish Kingdom.

Mr. Lynge finished his speech with the declaration that «the time has come to lend a hand to our nearest neighbor, Canada», in spite of the fact that, he added in the end, Canada has had a consulate in Greenland only since a month.

First, I want to thank the organizers for this opportunity to take part in this important event and I want to bring a greeting from the Greenland authorities, on whose behalf I address you this afternoon.

We, in Greenland, are very much aware that Canada is our closest neighbour. We feel that we know each other far too little, and that this unfortunate fact can and should be remedied, for example utilizing opportunities like this excellent symposium.

The theme this afternoon is socio-economic development. I intend however, to focus more on the political development of my country.

Writing about the history of autonomy in Greenland or, as we like to call it, home rule, is a subjective matter. Whether the historian writes about his own history as an autobiography, or decides to write about the history of a country or nation, he always begins by choosing his point of departure and his perspectives. This, of course, cannot be otherwise. Everyone has his own set of values.

Five years from now – in 1992 – there will be, one may presume, a number of great celebrations here on this continent. Celebrating what?

If you look into the innumerable history books that have been written, or ask a Spaniard, you will see that the talk is about the discovery of a new world. If you ask the indigenous people of this continent what happened five centuries ago, they will talk about an invasion.

Who is right?

That, of course, is a question without any meaning. Both are right. It all depends on your point of view. You cannot demand objectivity of the historian, but you can demand a certain faithfulness to facts as well as a certain respect vis-à-vis the viewpoints others may display in addressing the same issues.

In Greenland, practically everyone who opens his mouth to say something about our home rule arrangement will choose to talk about the year 1979, and start from there. The reason for this is that the law by which we obtained autonomy from Denmark, the Greenland Home Rule Act, was enacted on May 1, 1979.

That, of course, is a point of departure that you can reasonably choose. I personally prefer to start much earlier. I like to start in the 9th century, because at that time the Inuit population of Greenland started coming in from Ellesmere Island. Some went north of Greenland, crossing what is now Peary Land and went down the east coast. Others crossed the Melville Bay and settled along the less inhospitable west coast of Greenland. Here, they encountered the Vikings, who had settled in south-west Greenland by the end of the 9th century.

As you know, the Vikings died out in the late Middle Ages. The Inuit survived. From this period of history, one fact remains: the Inuit of Greenland enjoyed not only autonomy but complete independence, both culturally and politically, from the 9th to the 18th century, about 900 years.

I see no reason why this fact should be overlooked. The country was inhabited by an independent Inuit population for all those years and was, toward the end of that period named Kalaallit Nunaat, the land of the Greenland Inuit.

In 1721, that independence was terminated when a group of Norwegian and Danish missionairies and colonizers settled on the west coast. From that year on, all inhabited places in Groenland were slowly drawn into an unquestioned dependence on the Danish Crown. Greenland became a colony.

The colonial status was upheld with great strictness. Greenland had become a reservation, sealed off to outside influence. The Danes maintained a meticulous control of the comings and goings. The Inuit of Greenland did not enjoy the ordinary civil rights which we – which everybody – nowadays take for granted.

This situation of colonial isolation lasted until 1940 when the Second World War broke out. One of the effects of the war was that Greenland was torn away from Denmark. Denmark was occupied by the Germans, the shipping between Denmark and Greenland was halted, and the Americans moved in and started building airstrips, establishing consulates, and, in short, taking control of the country.

This situation lasted until the end of the war in 1945. From the point of view of autonomy, one may say that the years from 1940 to 1945 were a situation of involuntary home rule inasmuch as the Danish authorities in Greenland, as well as the Greenland councils (assemblies with a consultative status, one for the North and one for the South) all a of sudden found themselves with a completely new set of challenges. An unprecedented type of negociation was taken up with the Americans on exactly what kind of administration was to be put in force during the war years.

In a way, Greenland had a fine time during World War II. The local authorities experienced a hitherto unknown capacity for coping, and the Americans provided us with much better material conditions than the Danes had ever done. When the war was over, we all know what happened to colonies worldwide: they were seized by a wave of expectations of a new era. The period of colonization was over. The old times would never come back; the clock just could not start turning backwards. This, at least, was the expectation of Greenland. That, however, is not what happened.

The authorities in Copenhagen were simply in no mood to let go of the colonial structure in Greenland. In 1945, the links were reestablished between Greenland and Denmark; they reintroduced the old system, creating great unrest among the local politicians. The atmosphere became increasingly strained, to the point where the Danish Prime Minister finally felt he had to do something about it.

A commission was established which drew up a plan for a new structure for Greenland, to be implemented by 1953. And so it was. In 1953, Denmark got a new constitution, and Greenland was integrated into Denmark. This was done through a referendum held in Denmark, not Greenland. The people of Greenland were not asked what they thought of it.

I am not saying that a referendum in Greenland would have brought about much of a different result. It would not. Greenland's choice, under the circumstances, was between the status quo as a colony or a situation where civil rights would be honoured, new economic opportunities would arise, and people could come and go as they pleased. Of course, everybody opted for the latter. Nevertheless, the Greenlanders were not asked to choose – the Danes were. The process of attempted integration, which took place during the years following 1953, was called "normalization" at the time. This was a political and cultural process aiming at the creation of the same living conditions in Greenland as those in Denmark. This entailed, among others, a heavy emphasis on the Danish language at the expense of the indigenous Inuit language, and brought with it a process of demographic concentration. People were uprooted from their camps and villages and pulled together in large agglomerations in an attempt to create industrial centers. Fishing, of course, was the basis of these industries, the result being that the hunting culture of old collapsed during those years. Large towns grew up with all kinds of social and cultural problems emerging, including a severe alcohol problem which really did not exist before.

A remarkable effort was made to provide the young people with educational opportunities which they did not have before. But among the young, especially those who were sent to Denmark to complete their education, a new sense of identity now emerged. Those who were sent to the University of Copenhagen became very conscious of the fact that they had grown up with a different language, that they belonged to a different ethnic group and so on. Out of these young people grew a new political mood, accompanied by talk about an alternative model for the constitutional organization between the two parts of the Kingdom.

These young people, incidentally, are the helmsmen of the present-day home rule government of Greenland.

In 1972, a referendum was held in Denmark on Danish access to the European Economic Community. In Greenland, the general atmosphere surrounding this issue was rather negative.

In order to understand the situation at the time, one has to keep in mind that, geographically, the Danish Kingdom consists of three parts. First, we have Denmark itself, or if you wish, the European part of Denmark. Then we have the Faroe Islands, a small archipelago in the middle of the North Atlantic, between Scotland and Iceland. And then we have Greenland. In the old days, Iceland also belonged to what you may call the Danish empire. Iceland, however, broke away during World War II.

The Faroe Islands obtained local autonomy, or home rule, in 1948. And so, when in 1972 Denmark wanted to enter the European Community, the Faroese asked the permission of the Danish Government not to hold that referendum because they felt certain that the outcome would be an overwhelming "no". The Faroese, 100% dependent on the sea, simply did not trust the fisheries policy that emerged from Brussels. The Faroese were allowed by the Danish government not to hold the referendum.

When the Greenlanders asked the same question, whether they could be allowed to forego the referendum, they were refused. And the reason they were given had to do with the fact that, unlike the Faroese, they had no home rule. Greenland was an integrated part of Denmark and had to act accordingly. The referendum was held and a comfortable majority of more than 60% voted Denmark into the EEC. But in Greenland, 72% voted "no".

So Greenland was forced to join the EEC against its will. The integration into Denmark forced it down a road it had refused to go.

In view of this development, it was no big surprise that more and more people in Greenland began looking for a political solution built on a constitutional structure analogous to the one of the Faroe Islands. To make a long story short, home rule was introduced on May 1, 1979.

With this constitutional change, we now have the Danish Kingdom consisting of Metropolitan Denmark, the Faroe Islands and Greenland, the last two regulated by a special law providing them with local autonomy.

In Greenland, the building blocks of autonomy are an assembly of 27 elected members and a government of 7. The legislative powers extend to practically everything in our lives except foreign affairs, defence and currency issues. According to the Greenland Home Rule Act, these three basic areas are still regulated by the Danish Parliament and the Danish Government. Everything else, however, is legislated in our own assembly.

Once the Home Rule was in place, the first item on the agenda was a revision of our membership on the EEC. This could not be otherwise, given the fact that our involuntary membership in the EEC was responsible for the development of Home Rule in the first place. Home Rule was, for the first time, tabled as a possible model for Greenland by those very people who wanted Greenland out of the EEC.

So, on February 23, 1982, we voted ourselves out of the EEC by a slight majority. By 1984, negotiations for withdrawal were completed. The actual severance from the European Community took place on February 1, 1985.

The situation then was that of a Scandinavian Kingdom with a European part, namely Denmark, and an Atlantic part, namely the two autonomous territories of the Faroe Islands and Greenland. From then on, only the European part was a member of the European Economic Community. Greenland and the Faroes had to make special trade arrangements with the EEC.

In the spring of 1985, we obtained a seat on the Nordic Council of Ministers and two on the Nordic Council Assembly. The Nordic Council, as you know, is an organization of eight nations, five nation states and three autonomous territories. The five states are Finland, Sweden, Norway, Denmark and Iceland. The three home rule territories are Greenland, the Faroes and the Aaland Isles, a Finnish dependency in the Baltic Sea.

So we are now seated together with these nations, and we feel that we are part of a brotherhood of nordic nations where full political and cultural respect are shown for even small entities. And we are a small entity indeed, although both the Faroes islanders and Aaland are even smaller. The Aaland Isles people number 27,000. The Faroes number 40,000. We, in Greenland, are 53,000, a small population in a country of more than two million square kilometers, or eight times the size of Great Britain.

Well, gentlemen, I know that my time is up now. In closing, let me just say that in Greenland we feel that the time has now come for us to stretch out our hands to our closest neighbours, Iceland and Canada, and to try to build something for the future.

NOTES BIOGRAPHIQUES

FINN LYNGE

M. Lynge est natif du Groenland. Il a été directeur général de Radio Groenland. Pendant cinq ans, il fut membre du Parlement européen à Strasbourg et pendant dix ans, membre de la Conférence circumpolaire inuit, responsable des questions d'environnement.

Il est présentement conseiller spécial sur les questions groenlandaises auprès du ministère des Affaires étrangères du Danemark à Copenhague.

HUMAN RESOURCE DEVELOPMENT IN A MULTI-ETHNIC FRAMEWORK

JAMES WILLIAM LOGAN

*ASSISTANT PROFESSOR,
THE SASKATCHEWAN INDIAN
FEDERATED COLLEGE,
REGINA, SASKATCHEWAN*

RÉSUMÉ

Le Canada, avec sa diversité ethnique et culturelle, fait face aux défis et à la chance de forger une identité nationale dotée d'un ensemble de valeurs et de buts auxquels tous les groupes qui le composent seront attachés. Le modèle d'un système d'éducation et de formation approprié occupe une place importante dans cette tâche.

M. Logan a présenté un survol de l'approche adoptée par le Saskatchewan Indian Federated College dans le concept de programmes éducatifs pouvant répondre à des considérations d'ordre culturel et linguistique. Il poursuit en ajoutant qu'une telle approche est vitale pour la conception de programmes de formation et d'éducation aptes à répondre aux besoins de développement de ressources humaines dans le Nord.

ABSTRACT

Canada, with its cultural and ethnic diversity, faces the challenge and opportunity of shaping a national identity with a set of values and goals to which all of its various groups are committed. The designing of appropriate educational and training systems plays a critical role in this task.

Mr. Logan presents an overview of the approach used by the Saskatchewan Indian Federated College in designing educational programs so as to accommodate cultural and language considerations. He goes on to suggest that the use of such an approach is essential in designing educational and training programs that will meet the human resource development needs of the North.

We in Canada live in a society with tremendous racial, ethnic, cultural, religious and social class diversity. In Canada and particularly the North, we as Canadians are faced with several major problems related to diversity: how to shape a country that has an overarching set of values and goals to which all of its various groups are committed, and how to structurally include diverse groups into the Canadian identity and ensure that they will experience justice and equality. The problem of trying to accommodate diversity and equality within Canadian society has become increasingly important in the past two decades as governments attempt to solve regional disparities and provide opportunities for ethnic groups previously isolated from and with little active participation in the social, political and economic fabric of Canadian life.

ETHNIC DIVERSITY IS A CHALLENGE

The kind of cultural, racial and religious diversity that Canada experiences is both an opportunity and a challenge to our society and its institutions, particularly our education systems. It is a challenge because when groups from different cultures and with different values interact within a society, racism, bigotry and other forms of institutionalized rejection and hostility result.

Because intergroup conflict is inevitable in our pluralistic society, it is essential that we try to reduce cross-ethnic conflict and hostility. However, it is also important for us to learn to live with a degree of conflict within our pluralistic society because it is not possible to completely eliminate it. New waves of immigrants, relocation and transfers from and to the various regions of Canada for employment, emergent events and situations, the quest by excluded ethnic groups for equality, and the resistance to change by dominant ethnic groups are all factors that heighten intergroup conflict and tension in our pluralistic society.

ETHNIC DIVERSITY IS AN OPPORTUNITY

Ethnic and cultural diversity is also an opportunity. It can enrich our society by providing novel ways to view events and situations and to solve problems. The many different ethnic and cultural groups in Canada have all contributed greatly to the strength of the political, cultural and economic institutions of today's Canada.

Ethnic groups within Canada, particularly those who have been denied full participation in Canadian social, political and economic institutions often serve as our moral conscience. They remind us of the gross discrepancy between our democratic ideals and our social realities, and challenge us to make our ideals and realities more consistent.

Green, writing in the August 1974 issue of the *Harvard Educational Review*, contends that the Western societies need new ideals, and that excluded ethnic groups can be a source of them. He writes:

> The past exclusion of minority... people from the western mainstream may turn out to be humanity's greatest hope. Who else can seriously question the value of placing top priority on economic growth rather than humanitarian development? Who else has so little vested interest in materialism as it stands? And who else has lived with truly different concepts from which all might begin to learn... Knowing these alternative concepts, western society might then be able to address the basic value contradictions they have so far failed to resolve (p. 438-440).

BLENDING TRADITION AND MODERNIZATION

The challenge today to Canadian society and in particular to our educational systems is to try to shape a modernized national culture that has selected aspects of traditional cultures co-existing in some kind of delicate balance. In the past, in our quest for modernization and a technocratic society, we have tried to eradicate different cultures and alienated individuals and groups from their first culture and mother tongue. This approach to shaping a national identity created anomy and alienation and deprived individuals and groups of some of the most important ways that humans have to satisfy their needs for symbolic meaning and community. It has also resulted in the political and cultural oppression of some racial and ethnic groups and has consequently caused them to focus on particularistic needs and goals rather than on the goals of Canada as a whole.

Canadians will be able to create a society with overarching goals that are shared by all Canada's diverse groups only when these groups feel they have a real stake and place in Canada and when the state mirrors their concerns and values.

It is our contention that the designing of appropriate educational and training systems plays a critical role in this task. The designing of programs for students from different cultural backgrounds presents educators and trainers with numerous challenges.

During the past decade, the Saskatchewan Indian Federated College's Departments of Continuing Education, International Affairs, and Management and Administration have used an approach to program design which enables them to accommodate cultural and language considerations in their programs.

The purpose of this paper is to present an overview of this approach and discuss how the approach can assist in the designing of educational and training programs with students from different cultures.

THE COLLEGE

The Saskatchewan Indian Federated College is a fully accredited Indian controlled post-secondary education institute. A member of both the Association of Canadian Universities and Colleges and the American Indian Higher Education Consortium, the College is federated with the University of Regina.

The College offers a full range of studies at the university level. Programs include degree level studies in Administration, Education, Social Work, Language and Linguistics, Communication Arts, Indian Art, Health Careers and Indian Studies.

In addition, special programs pertinent to the development needs of native people are offered. These programs include certificates in Indian Band Administration, Band Welfare Administration, Career and Guidance Counselling, and a Management Development and Educational Research program for International Students. These special programs are presented in a variety of formats in order to meet the needs and time constraints of the students enrolled in them. Designing and implementing these programs has enabled the College to gain extensive experience in working with students from a variety of cultural backgrounds.

EDUCATION, TRAINING AND ETHNIC GROUPS

Through its work with various cultural groups in Canada, Central and South America, and the Eastern Caribbean, the College recognizes that most educational and training systems have been designed by the dominant populations with little consultation and input from minority ethnic groups. By this fact, these systems reflect the needs and values of the dominant society. The curriculum, the teaching methods, the schedules, the auxiliary services, and the system of rewards and punishments reflect the standards of the dominant population and are not always relevant to the educational, training, social, political or economic needs of minority ethnic groups.

When working with students from minority ethnic groups, there is sometimes a tendency for educators and trainers to forget the fact that merely imparting knowledge does not always guarantee success in bringing about the full development of all students. Often, the content of the curriculum is unrelated to the realities which minority ethnic groups must confront or the experiences they have gone through. Similarly, many of the teaching techniques may not be compatible with the learning styles that students from different cultures are used to.

Educational systems attempt to reflect and support the view that education is a major key to human resource development and social mobility. However, their failure to devise adequate educational and training solutions appropriate for individuals from different cultures has resulted in the alienation from or rejection of dominant culture education and training systems by many members of minority ethnic groups.

DEALING WITH CULTURE IN EDUCATIONAL PROGRAMS

Over the past decade, a variety of programs have been developed that are aimed at resolving particular educational problems involving cultural minorities. All too often, these programs have been defined in narrow, culturally-biased terms.

It is not the intention here to examine these programs in depth but rather to stress that the question of culture and education is of concern to educators and trainers. The attempts to address cultural concerns in education and training have included numerous approaches. Kenn Whyte has identified the following in his article "The Development of Curricula/Programs For Indian and Metis People".

One approach has been the development of problem-centered programs. These programs are designed to focus on the assimiliation or integration of people of different cultural backgrounds into the dominant society. In these programs, the student and his or her culture is seen as being deficient and this deficiency has to be compensated for by the educational and training program. Such programs are often paternalistic and condescending. The student's culture is seen as having little if any value and the role of education and training is to have the student accept the values of the dominant society.

A second type of program is what could be called the crisis-connected or anti-discrimination model. In this approach, the purpose is to teach students about cultural value differences, and to encourage them to accept other peoples right to be different. These programs usually focus on short-term sensitization and do not address the real problem in the context of the economic, political and social power relationship.

Another program approach could be called education and training for cultural pluralism. Such programs are built upon the ethnic culture instead of ignoring it, or countering it. By assisting the student to develop a positive self-image, the programs assist in student learning and development. In practice, such programs will allow skills, knowledge, attitudes and emotions to be developed so that the student acquires a sense of security of his or her own being and group identity, a knowledge of other cultures, and the facility to behave and act capably in more than one culture.

In designing programs for students from other cultural backgrounds, it is necessary that the instructional design team agree on a definition of culture. This was essential at the College for we were very aware of the need not to impose education or training activities that might negatively impact upon the students' culture.

After much discussion and review of our own experiences in education and training, the faculty reached a definition we could work with as instructional designers. The definition used defines cultures as a process by which information about how an individual group of people store, transit and retrieve their way of perceiving the world and the structures of their society. It involves how members of a culture see their role in the world in relationship to other components of their world.

It was determined that educational and training programs at the College must not isolate the student from his or her information bases and must enable the student to maintain and develop a positive image of his or her culture.

To fulfill its educational mission and adequately meet the needs of students from varied cultural backgrounds, the College had to develop a program design approach that would ensure that programs were academically sound, meet the learning needs of students from a wide range of cultural backgrounds, and allow the students to develop and maintain the positive self-image which is so crucial to learning and development.

THE APPROACH

Based upon personal and professional experiences at the College and with other training projects, the faculty of the Departments of International Affairs, Management and Administration and Continuing Education identified several functions that must be carried out when designing instruction which will be used by students from different cultures. Four of the major functions are:

1. Training task analysis

2. Student analysis

3. Materials and techniques analysis

4. Trainer training

Training task analysis

Fundamental to designing sound instruction is a clear understanding of what the instruction is to do.

Objectives for training should be based upon the difference between what the student presently knows and can do, and what the students must know and be able to do in order to successfully perform on the job or to carry out an assignment.

It is important to remember that if the instruction was designed for a student audience different from those students presently enrolled, we risk teaching skills or knowledge that the present students might not need to learn, or fail to teach something that they do need to learn.

The approach used by the College and wich I have used with organizations such as the Arctic Cooperatives Limited, Atii the Inuit management training coordination group of the NWT, and the Cree School Board, is to actively involve representatives of potential student groups when deciding what is to be accomplished in the program, what the student requires to succeed academically and what supports are required to enhance student success. Such inputs can help to identify potential problem areas and provide suggestions on ways to overcome or minimize them.

By involving representatives of ethnic groups as advisors, we have found that a sense of "ownership" of programs is developed. This strong identification with a program is, in our opinion, very critical when working with ethnic groups

that have been alienated by many of the dominant society's educational and training systems.

Student analysis

Too many times, educators and trainers assume that all students are the same. Such educators and trainers treat all students alike regardless of their cultural background. They assume all students have the same needs, the same motives for learning, and the same values. They also assume that all students will respond the same way to rewards and sanctions.

In designing instruction it is critical to be familiar with at least four factors related to the students we will be working with. These factors are:

1.   What motivates the student to learn?

2.   What level of language skills is involved?

3.   What entry skills and knowledge does the student have?

4.   What is the student's learning style?

What motivates the student to learn?

Most people learn in order that they may achieve some desirable state. To many of us, this could be increased earning power or a promotion. To others, it could be gaining status amongst one's peers or it could be a sense of pride in helping one's people. Alternatively, it might be to gain political or economic power or status. Or it could be for one's own sense of accomplishment.

Knowing why students are motivated to learn will help in designing techniques that could reinforce this desire to learn. It will also help avoid techniques that might interfere with learning.

For example, using teaching techniques that require the student to use highly competitive behavior might not be appropriate when working with students from cultures that stress cooperative as opposed to competitive behavior as a means of survival.

What level of language skills is involved

Language often presents challenges to both the teacher and the student. If the student is having to learn in his or her second or weaker language, it must be remembered that the internal translation of concepts and words from one language to another will take time. There is also a risk that the concept being translated might not be fully understood, particularly if unfamiliar terms and concepts are being used. In some cases it might be impossible to adequately translate concepts to be learned into the other language because such concepts are not present in that language. Likewise, words and concepts used with a particular meaning in one language might mean something totally different when used in the other language.

What entry skills and knowledge does the student have?

It is important to determine the skills and knowledge that the students will be bringing to the program of studies.

In assuming students have or do not have a certain level of skills and knowledge, we run the risk of insulting and boring them if the knowledge being taught is too basic and well below their skill and knowledge levels. On the other hand, we risk turning them off the learning task because it proves too difficult given their present level of skills and knowledge. Either way, not knowing the skill and knowledge level of the student could create negative results in the learning process.

What is the student's learning style?

It is readily agreed that students learn in many different ways. It is now being suggested by some educational research that particular groups have a preferred style of learning. This may be attributed to what they are used to or what they are practiced at.

Students who have been taught to learn by doing will likely have difficulty when confronted with learning situations where they must sit and only listen.

Likewise, a student who has been taught mainly in an oral tradition culture might have difficulty in a program based upon heavy use of printed materials.

MATERIALS AND TECHNIQUES ANALYSIS

Armed with the information from the task and student analysis, the designer can now begin to analyze the "hard" materials he or she proposes to use. At this point there are a number of considerations that must be carefully thought through.

As the student might be operating in his or her second language, it is important that the printed materials being considered for use be carefully evaluated to ensure that they are at a level appropriate to the learner. It must also be remembered that the use of jargon and unfamiliar technical language should be kept at a minimum until the student masters the concepts involved.

Another area of concern with written material is the use of unfamiliar examples which, rather than assist the student in learning, might in fact hinder the learning process as the student tries to make sense out of an unfamiliar example rather than grasp the concept being taught.

It is also essential that the designer ensure that the printed material does not unintentionally offend the student by giving a culturally unacceptable impression.

The designer should also review all visuals, films and other media that he or she intends to use in the program to again ensure that it is culturally acceptable and that it is appropriate to the backgrounds of the students.

The designer must also decide upon the teaching strategies he or she intends to use. This will mean reviewing the various options available - lectures, individualized study, discussion groups, demonstrations, role-plays, case studies, simulations, computer augmented learning, panels, etc., to ensure that the techniques chosen are appropriate to the learning that is desired and compatible with the student's preferred learning style.

TRAINER TRAINING

Essential to any educational and training program is the quality of the instructor that is involved. When presenting programs to students from different cultures, it is essential that the instructor be knowledgeable about his or her subject area. Equally important however, is the need that the instructor be able to effectively relate to the student. By relate we mean that the instructor understands that the influences of cultural differences could cause communication barriers.

The instructor must have an awareness and a sensitivity to the cultural aspects of his or her teaching function. The instructor must develop some cultural finesses in working with specific cultures and should show an interest in the students' culture.

SUMMARY

There are a few unique things we must remember when designing instruction for students from a different culture:

> We must challenge our assumptions about learners. How does the student learn? What materials best support his or her preferred style of learning?

> We must ensure that our understanding of the training task is the same as the student's.

> We must ensure that motivational factors, entry level skills and knowledge, and language of the student are taken into account when we prepare written materials.

> We must ensure that the teaching techniques we choose are appropriate to the culture of the student. As instructors and trainers we must be aware of and sensitive to the culture of the student.

I believe that by following the process described above and by respecting students and their cultures, appropriate educational and training programs can be designed that will meet the human resource development needs of the North. These programs will not only enable students to develop job specific and general educational skills and knowledge, but will allow them to develop and maintain a positive self-image, a pride in their culture and respect for other cultures.

BIBLIOGRAPHY

Banks, J. (1986). *Cultural Diversity in Western Societies: Challenges and Opportunities.* San Francisco, California, March 1-4.: Paper presented at the Annual Meeting of the Association for Supervision and Curriculum Development.

Casse, P. (1980). *Training for the Cross-Cultural Mind.* Washington, D.C.: Society for Intercultural Education Training and Research.

Cross, D.E., Baker, G.C. and Stiles, L.J. (Eds.). (1980). *Teaching in a Multicultural Society.* London, U.K.: Collier Macmillan Publishing.

Harris, P.R. and Moran, R.T. (1979). *Managing Cultural Differences.* Houston, Texas: Gulf Publishing Company.

Hites, J.M. and Casterline, S. (1986). *Adapting Training For Other Cultures.* San Francisco, California. (Apr. 2): Paper presented at the Annual Conference of the National Society for Performance and Instruction.

Jaeger, A.M. "Organization Development and National Culture: Where's the Fit?". in *Academy of Management Review.* 1986. vol. 11, no. 1. 178-190.

Moran, R.T. and Harris, P.R. (1982). *Managing Cultural Synergy.* Houston, Texas: Gulf Publishing Company.

Orvik, N. and Patterson, K.R. (Eds.). *The North in Transition.* Kingston, Ontario: Centre for International Relations, Queen's University.

Rubenson, K. (1982). *Interaction Between Formal and Non Formal Education.* Paris, France: Paper presented at the ICAE Conference. October.

Savage, E. and Samuel, E. (1986). *Training and Development in Developing Countries.* Dallas, Texas: Paper presented at the Annual Convention of the American Vocational Association.

NOTES BIOGRAPHIQUES

JAMES WILLIAM LOGAN

Monsieur Logan est un spécialiste en formation professionnelle et en développement des ressources humaines. Il oeuvre dans ce domaine depuis plus de dix-sept ans. Actuellement professeur agrégé aux services d'éducation permanente du Saskatchewan Indian Federal College, rattaché à l'Université de Regina, il se spécialise dans l'élaboration des programmes orientés en administration publique et en développement économique.

De nombreux organismes nordiques du Manitoba, de l'Ontario, du Québec et des Territoires du Nord-Ouest ont fait appel à ses services dans l'élaboration de programmes de formation spécifiques des besoins de ces régions. Son expérience personnelle de l'éducation en milieu nordique et autochtone lui a permis de travailler en Amérique Centrale et du Sud.

Sa pédagogie s'appuie sur un grand respect des cultures aborigènes et du défi que représente l'intégration au monde du travail occidental.

Il collabore régulièrement avec l'Inuit Taperesat of Canada, l'Arctic College, le Gouvernement régioal des Territoires du Nord-Ouest ainsi qu'avec la Commission canadienne de l'emploi et de l'immigration dans la formation professionnelle et la prise en charge de la gestion du Nord par ses résidents.

LA COOPÉRATION AU NOUVEAU-QUÉBEC INUIT ALTERNATIVE AU CONTRE-DÉVELOPPEMENT

JEAN-JACQUES SIMARD

PROFESSEUR TITULAIRE AU DÉPARTEMENT DE SOCIOLOGIE
UNIVERSITÉ LAVAL

RÉSUMÉ

Dans un vibrant plaidoyer, monsieur Simard a cherché à abattre de vieux préjugés qui s'acharnent encore contre les Inuit du Nouveau-Québec et il a fait l'éloge du mouvement coopératif qui a changé la vie de ceux que, visiblement, il aime passionnément.

D'abord, il a dressé un portrait de cette collectivité qu'il qualifie d'unique au monde. Une population très jeune et une population qui depuis 1950 connaît des changements importants: sédentarisation, allongement de l'espérance de vie, passage d'une économie de subsistance à une économie de salariat et d'échanges monétaires, etc.

M. Simard s'est acharné contre un vieux cliché: la dépendance des Inuit ou plus prosaïquement, les Inuit assis sur le bien-être social. Chiffres à l'appui, il démontre que les Inuit ne reçoivent pas plus d'aide financière directe du gouvernement que ne le font les autres Québécois. Les Inuit vivent principalement de salaires, de travail saisonnier et de travail autonome.

C'est en racontant l'histoire des coopératives au Nouveau-Québec inuit qu'il s'est véritablement enflammé. C'est l'histoire finalement de onze coopératives qui oeuvrent dans différents domaines et qui en 1967 ont formé une fédération. Cette fédération, c'est le premier employeur inuit au Nouveau-Québec; 43% de la population adulte est membre de l'une ou l'autre de ces coopératives; aucune faillite et des chiffres d'affaires impressionnants. Monsieur Simard admire la philosophie qui est à la base de ce mouvement: "Le monde étant ce qu'il est, on va le prendre et on va y mettre notre signature". Une philosophie pragmatique qui a fait des coopératives une histoire à succès.

ABSTRACT

In his vibrant testimony, Mr. Simard attempted to disprove the old prejudices still held against the Inuit of Northern-Québec. He also praised the cooperative movement which has changed the lives of those he evidently admires with passion.

First, he gave a description of this collectivity which he has qualified as «unique in the world». A population of 5 600 persons spread out over approximately fifteen villages, a very young population and a population which, since 1950, has been through many important changes: becoming sedentary, an increased life span, a change from an economy of survival to a fixed income and monetary exchanges, etc.

J.J. Simard tried ardently to contest a bad impression: the dependence of the Inuit or more prosaically, the Inuit depending totally on welfare. Figures as proof, he demonstrated that the Inuit do not receive more direct financial aid from the government than do other Quebecers. The Inuit make a living mainly from salaries, seasonal work or are self-employed.

It was when he related the history of the cooperatives of the Inuit Northern-Québec that he became totally engulfed in his subject. In short, it is the story of eleven cooperatives working in different fields which, in 1967, formed a federation. This federation is the first Inuit employer of Northern-Québec; 43% of the adult population is a member of one cooperative or another; not one bankruptcy and impressive business figures. Mr. Simard admires the philosophy on which this movement rests: «We will take the world as it is and sign below». This is a very pragmatic philosophy which has turned cooperatives into a success story.

Je voudrais moi aussi, comme tout le monde, exprimer mes remerciements aux organisateurs du Colloque, un colloque d'envergure historique je crois, en tout cas au Québec, et exceptionnellement bien organisé. Nous avons une fois de plus bénéficié de l'hospitalité traditionnelle des gens de l'Abitibi-Témiscamingue.

Je m'excuse de devoir vous bousculer parce que j'ai pas mal de matière à passer. Les chiffres et statistiques viennent pour la plupart d'une étude menée depuis une couple d'années maintenant avec un collègue, Gérard Duhaime, de l'Université Laval. La plupart de mes données en sont tirées, et elles concernent toutes 1983. Sinon, je préciserai.

Je ne veux pas présenter très longuement ici le Nouveau-Québec, sauf pour situer les gens qui ne sont pas tout à fait familiers avec cette région.

Bien sûr, il s'agit de la région toute blanche en haut de la carte. Le territoire comprend quinze villages côtiers dont la taille peut varier de 110 à 115 et jusqu'à 1 300 habitants au chef-lieu de Kuujjuaq; 5 600 Inuit, 680 allochtones. Les allochtones sont jeunes, les Inuit sont très jeunes; alors que la médiane de la population québécoise s'établit actuellement à environ 29 ans, dans le pays des Inuit, la médiane de la population est de 17 ans.

La région, comme tout le monde le sait, a connu un développement extrêmement rapide, enclenché surtout à la suite de la Deuxième Guerre mondiale, au milieu des années 1950; on pourrait résumer en gros ce développement en disant qu'il y a eu sédentarisation des gens qui étaient semi-nomades, expansion manifeste des services publics, entre autres choses, dans la conquête de la mortinatalité, ce qui explique en particulier la jeunesse de la population, l'allongement de l'espérance de vie, un standard de vie qui s'est élevé, en tout cas du point de vue matériel et monétaire.

Mais surtout, on est passé d'une société, d'une économie et d'une culture de "subsistance" (ou d'autonomie et de troc), à une société de salariat et d'échange monétaire. On est aussi passé de la production primaire (chasse et pêche surtout), aux services. Ce sont les services qui sont dominants actuellement.

Quelques chiffres pour vous affliger: 1953, 1973, 1983, donc trente ans. En 1953, au nombre des revenus monétaires pas très élevés des Inuit, 41% venaient de l'artisanat (vente de pelleteries surtout). Cette proportion baisse sans cesse: 29% en 1973, 7% seulement en revenus monétaires retirés de l'artisanat en 1983. Qu'est-ce qui monte? Les salaires, qui passent de 16% en 1953 à 65% des revenus des Inuit en 1983.

Et, une question qui préoccupe tout le monde, celle des transferts gouvernementaux aux particuliers. Cette aide a constamment baissé. Parmi les revenus monétaires des Inuit, en 1953, elle s'établissait à environ 43%; la proportion est descendue à 30% en 1973 et elle est maintenant à peu près de 28% des revenus des familles.

Cette évolution, très rapide, a été beaucoup étudiée surtout à partir de l'idée de dépendance. La dépendance, c'était le problème du développement, disait-on, en donnant à ce terme, au début, un sens individuel: on laissait entendre que les Inuit dépendaient des versements directs des États quant à leur subsistance.

La première chose à souligner à propos de cette aide sociale individuelle, c'est qu'elle est en baisse constante. Le cliché de l'autochtone assisté est dépassé. Chose frappante aussi, si on considère certaines idées reçues qui courent toujours, la population autochtone du Nouveau-Québec ne bénéficie pas plus de transferts gouvernementaux aux particuliers que la population du Québec en général. La structure de ces transferts est néanmoins différente; ainsi un montant relativement faible va à la sécurité de la vieillesse, parce qu'il n'y a pas beaucoup de gens âgés (4% seulement de la population, contre 13% au Québec). C'est l'aide sociale qui prend le dessus, et l'assurance-chômage. J'insiste sur ce point parce que l'idée traîne encore qu'un des gros problèmes du développement, c'est que les gens sont assistés. Ce n'est plus vrai. La situation n'est pas pire qu'au Québec en général et elle tend à se normaliser.

Qu'est-ce que font les gens? Les gens gagnent leur vie. Ou bien ils travaillent à salaire, de plus en plus, ou bien encore, ils vivent un peu comme on vit en certaines régions rurales marginales ou d'occupations saisonnières, mélangeant le travail à salaire, le travail autonome, l'autosubsistance, et un certain support de l'État; un peu comme les pêcheurs par exemple, ou les bûcherons, ou les travailleurs de la construction.

Reste le second aspect de la dépendance, celui de la dépendance *institutionnelle* élargie. Les services publics attendus augmentent, les revenus locaux ne sont pas suffisants, et par conséquent, les gouvernements du Sud doivent combler le vide. Cette dépendance institutionnelle de la région a des répercussions non seulement économiques, mais aussi politiques et culturelles. Les pouvoirs décisionnels appartiennent à ceux qui détiennent la bourse: les gouvernements. Les méthodes de travail des administrations s'en ressentent; les décisions sont inspirées par un paternalisme inégalitaire et il y a un hiatus culturel constant entre, d'une part, les méthodes, les contenus, les programmes, les services et, d'autre part, les réalités et l'héritage des populations autochtones.

Et le grand problème, bien sûr, à ce moment-là, c'est l'opposition entre le Blanc, l'occidental, le gouvernement d'une part, et de l'autre côté, l'Inuit. Et sur ce front, la dépendance n'est pas seulement économique, mais également politique et culturelle. Face à cette situation, la définition qu'on a donnée du développement durant toute l'histoire récente, contemporaine, du pays, a toujours été de dire: "Bon, du point de vue économique, il faut augmenter la productivité: plus de gains monétaires, plus d'emplois, et il faudrait aussi plus de savoir-faire technique, des gens mieux équipés. Pour ce qui est du développement politique, il faut avoir le pouvoir de décision: faire soi-même, régionalement, les choix collectifs. Et puis il faut, du point de vue culturel, "inuitiser", imprimer en quelque sorte le style, la couleur, l'héritage, l'identité de cette collectivité absolument unique dans les pratiques de tous les jours,

pour que le pays et la vie ressemblent aux Inuit et que ces gens-là ne s'y sentent pas perdus. En gros, c'est ce qu'on a dit et ce qu'on dit encore: le développement, cela signifie autonomie économique, authenticité culturelle, autodétermination politique.

Le mouvement coopératif est apparu au Nouveau-Québec précisément pour répondre à ces questions de développement, pour faire face à cette dépendance. Cela a commencé, remarquez, sans théorie dès 1955, au village de Povungnituk sur la baie d'Hudson, puis en 1957 à George River (Kangir-suaalujjuaq maintenant) sur la baie d'Ungava.

Un fonctionnaire d'un côté, un commis de la Compagnie de la Baie d'Hudson de l'autre, avec une poignée d'Inuit autour, et on lance des expériences de "développement communautaire"; à ce moment-là, le mot coopérative n'apparaît même pas.

Les missionnaires s'en mêlent. Du côté de l'Ungava, d'autres Inuit démarrent des coopératives et graduellement les initiatives se multiplient jusqu'à ce qu'en 1967, à la suite de réunions entre les gens qui avaient participé à ces expériences locales, on décide de fédérer régionalement les coopératives. C'est très important parce que ce qui apparaît là, c'est la première institution moderne, à l'échelon régional, dans la communauté inuit. Elle crée pour ainsi dire sur papier puis, en pratique, des rapports entre des gens qui vivaient surtout localement ou familialement et qui n'étaient rassemblés régionalement que par les institutions de l'État, ou encore, mais moins souvent, par celles de l'Église.

Les coopératives vont en quelque sorte, pourtant, faire apparaître ce qu'on pourrait appeler, mais alors entre guillemets, une conscience "régionale" et même, peut-être, "nationale", par-dessus la conscience des appartenances locales et parentales. Il s'agit là d'une innovation majeure et autonome.

Les coops vont rayonner, tant du côté de l'Hudson que dans l'Ungava. Actuellement, il y a onze coopératives installées dans ce secteur; il reste encore une couple de villages qui ne sont pas intégrés. À peu près 43% de la population adulte est membre d'une coopération: quelque chose comme la Roumanie, (mais en Roumanie c'est obligatoire), donc un taux de pénétration coopérative qui tire les larmes des amis de la coopération mondiale. La Fédération est un organisme créé par les coopératives locales; ses bureaux sont installés à Montréal; elle offre des services d'achats et de ventes, essentiellement.

Il n'y a dans les coopératives *locales* que du personnel inuit (sauf exception passagère). Autrement dit, tous les permanents, tous les dirigeants élus des coops locales sont inuit. À la fédération, dans le Sud, on avait prévu remplacer le directeur général par un Inuit dans dix ans.

À part ça, les questions d'ethnies étaient plutôt secondaires pour les animateurs des coops. L'idéologie du mouvement était très pragmatique: se relever "by one's own boot straps"! "Self help"! "On gagne ce dont on a besoin!" "On tire le mérite de ses bons coups!" "Il faut se mettre ensemble!" Des slogans très simples.

Mais ce qui est arrivé, c'est que le mouvement s'est développé très rapidement et de façon très diversifiée. Diversifiée, ça signifie qu'on a développé l'art, la production de sculptures, l'artisanat, les magasins de consommation, le tourisme, les produits pétroliers, la restauration, l'hôtellerie, les loisirs, la construction. On a même tâté, à un moment donné, les services municipaux et on s'est donné des petits machins qui ressemblent à des services bancaires, et même, pour les membres, des rudiments de services d'assurances. C'est-à-dire qu'à chaque fois qu'il y avait un interstice dans l'économie communautaire, on essayait de l'occuper. Cette diversification a donné un caractère sociétal à une entreprise qui se voulait essentiellement économique. Les coops se prenaient pour la société entière.

Deuxièmement, croissance rapide: ça veut dire 1 million de ventes en 1967, 4 millions en 1969, 10 millions en 1973, 20 millions en 1983. Et lorsqu'une entreprise croît à ce rythme, elle a besoin de capital. Or, il n'est pas possible aux coops d'emprunter directement sur le marché. On ne peut emprunter ni sur les inventaires, ni sur les équipements, parce que c'est au Nord, parce que le Sud n'y connaît rien; donc on est obligés, pour obtenir du financement, de s'adresser à l'État afin qu'il garantisse les prêts bancaires.

Sans le vouloir, encore une fois, le mouvement passera d'une idéologie essentiellement économique à une idéologie de plus en plus politique, car il se trouver confronté à l'État qui détient le capital. On dira: mais pourquoi est-ce que ce sont des Blancs, et des types du Sud, qui prennent toutes les décisions? Pourquoi ne contrôlerions-nous pas les investissements dans la région?

À compter de 1969, 1970, le mot commence à circuler: "Gouvernement régional", "Avoir notre propre gouvernement". Même territoire que celui de la Fédération des coopératives, et non ethnique, comme la Fédération des coopératives. Ce projet est tout simplement l'aboutissement de cette idée d'autonomie sur laquelle on travaille depuis des années.

De fait, les gens de coops convoqueront les représentants officiels des

communautés, les élus des conseils de villages, et tous ensemble ils sortiront de la réunion convaincus: il faut s'adresser au gouvernement québécois (qui avait été préparé à l'idée) et lui demander de créer un gouvernement régional du Québec arctique. Cette intention a beaucoup inquiété certaines personnes à Ottawa et au Nord, parce qu'on se trouvait dans un contexte de chicane Québec-Ottawa; d'aucuns ont dit "Il faut faire très attention, parce que si les gens font un gouvernement régional, c'est dangereux". Alors ces personnes prirent l'initiative de fonder une Association ethnique selon le modèle courant dans le monde autochtone canadien, afin de revendiquer plutôt des droits et des terres, quitte à reparler plus tard de ces questions de gouvernement régional. Entre-temps, voilà que le projet de la Baie James s'annonce; l'Association ira donc négocier la Convention de la Baie James et du Nord québécois de 1975.

Les militants des coopératives étaient déchirés parce qu'il y avait des coopérateurs aussi bien d'un côté que de l'autre des options en présence. Alors les coopératives se sont trouvées refoulées dans le champ économique, (évolution assez classique, puisque conforme à celle des coopératives un peu partout au monde). Le mouvement a perdu la dimension sociétale et politique qui l'animait. Je ne veux pas dire que les braises se sont entièrement éteintes mais, officiellement, on s'est mis aux affaires en laissant la politique à un groupe de villageois du noyau original des coopérateurs de la Hudsonie, autour de Povungnituk, Ivujivik et de Saluit, un groupe qui refusera de signer la Convention de la Baie James et qu'on appelle les dissidents. Ce sont eux qui reprendront le combat politique en refusant tout simplement la Convention. L'action des dissidents est restée sutout négative, passive, sauf pour fonder des écoles indépendantes. Le dossier n'a pas beaucoup évolué jusqu'à tout récemment.

Les coopératives demeurent quelque chose de très important au Nouveau-Québec inuit. On ne s'en rend pas tellement compte parce qu'il y a eu une telle croissance des autres institutions de type public et parapublic depuis la Convention de 1975 que, relativement au reste, on dirait que les coopératives ont rapetissé. C'est inexact. Les coops ont continué à progresser et, ensemble, elles constituent actuellement la première, la plus grande entreprise privée autochtone du Nouveau-Québec.

En guise de comparaison, considérons les filiales de la Société Makivik (l'autre grande unité d'entreprises privées au Nord) même si elles sont plus jeunes, histoire de situer l'ordre des grandeurs: les ventes des filiales de la Société Makivik s'établissaient, toujours en 1983, à 13 millions $. Celles des coops, on l'a vu, à 20 millions $. L'activité coopérative était la première source de gain monétaire pour les Inuit, aussi bien en salaires qu'en paiements pour les chasseurs et les sculpteurs: 3,3 millions $ pour une population active d'à peu près 2 000 personnes, ce n'est pas rien. Encore une fois, si on compare avec les filiales de la Société Makivik, souvent mieux connues, on trouve 758 000 $ à ce chapitre. Vous voyez la différence. Les coopératives demeurent le premier employeur régional des Inuit. Elles fournissent 72 emplois à temps plein, 352 emplois occasionnels au cours de l'année. Tandis que les filiales de Makivik toujours: 44 postes permanents et 209 occasionnels.

Essayons de faire rapidement le bilan global sur dix-huit ans (1967-1985), Fédération et coops ensemble. Quelques chiffres, juste pour se situer: des ventes globales de 172 millions $. Les coops ont fait circuler 172 millions de dollars. Aucune faillite, sauf celle de la coopérative indienne de Wemindji, qui n'a vraiment jamais décollé et se trouvait dans un contexte trop différent pour bien s'intégrer dans un réseau arctique et inuit. Cela ne veut pas dire que toutes les coops nordiques sont profitables. D'aucunes, après ces 18 ans, vont afficher un bilan négatif, d'autres un bilan positif, mais globalement le bilan est positif, le profit global est de 2%, relativement insignifiant certes, mais plus qu'un zéro.

Toutefois, si on calcule la valeur ajoutée, soit par des salaires, profits, dividendes, versements aux artisans, qui a été créée par le travail des Inuit et amenée dans l'économie pendant ces 18 ans, c'est 55 millions de dollars qui n'existeraient pas. Autrement, là-dessus, 40 millions $ sont allés dans les poches des Inuit, le reste, au personnel du Sud.

La question que tout le monde se pose, bien sûr, c'est: "Oui, mais jusqu'à quel point le gouvernement a-t-il supporté l'expérience?" Sur dix-huit ans, les deux gouvernements, fédéral et provincial, ont versé en subventions 5,4 millions $ aux coopératives. Il s'agit d'abord de versements aux fonds d'opération des coopératives locales: l'équivalent de 100 000 dollars par coop sur 18 ans, ou encore de 5 000 ou 6 000 $ par année, par coop. Cela revient, disons, à un demi-poste par année pour chaque coopérative: ce qui se dépense en formation dans le milieu, on ne peut pas dire que c'est beaucoup; c'est même très peu.

Du côté de la Fédération, il y a eu un peu plus de subventions parce que c'est le service d'organisation. Le montant global revient aux environs de 225 000 $ par année. Pour faire quoi? Les cadres de la Fédération des coopératives parlent la langue et consacrent à peu près 50 à 60% de leur temps à faire de l'information et de l'éducation auprès des Inuit. Ces charges n'existent pas dans une entreprise qui n'est pas menée dans la langue des Inuit et avec des Inuit. Les subventions ont aussi été versées en vertu de programmes particuliers: des voyages d'artistes à l'étranger, des expositions, des catalogues, de la documentation, des colloques, des assemblées, toutes sortes de choses qu'une entreprise, du strict point de vue économique, n'aurait

pas à faire, et le gouvernement subventionne ces choses-là comme il le ferait partout, dans toutes sortes d'autres domaines.

Bref, les subventions gouvernementales ont été moins que normales, de façon générale. Pour vous donner une idée, examinons les chiffres des institutions actuelles parapubliques et privées qui sont aussi dans le domaine de l'éducation et de la formation des adultes : l'an passé seulement, le gouvernement fédéral a versé un million de dollars en subventions à des organismes sans but lucratif pour des fins d'éducation ou de développement de projets . En un an, c'est le cinquième de ce que le mouvement coopératif a reçu en vingt ans. Je crois qu'on peut dire, en somme, que c'est un succès, le "success story" des entreprises autochtones au Canada.

Je crois aussi que cette expérience reste absolument unique et qu'il est déplorable qu'on ne la connaisse pas au pays, ne fut-ce que pour réaliser qu'il y a des choses qui marchent et qui marchent drôlement bien chez les Inuit, compte tenu des circonstances. Maintenant, est-ce que c'est un succès complet? Non. Certes, un succès technique et économique. Éducatif? moins. Il y a encore du roulement de personnel, même s'il y a une bonne base solide. Par contre, on n'a pas réussi le projet politique d'autonomie, au sens plus large. L'histoire a choisi autrement. On n'a pas non plus réussi à remplacer les cadres blancs et c'est fatiguant pour les gens du Nord. On n'a surtout pas réussi à attirer les jeunes, et en particulier à cause de la concurrence des institutions de la Convention quant aux salaires chez les jeunes qui ont du talent. Les coopératives n'ont pas les moyens, à partir des règles du marché, d'affronter cette concurrence. Mais ce n'est pas la seule raison. En général les jeunes du Nouveau-Québec, je crois que quiconque le sait qui fréquente le milieu, ont de la difficulté à se brancher, à s'engager sérieusement.

Est-ce qu'on aurait pu mieux réussir? La question est hypothétique. On la laissera au Bon Dieu, dans sa sagesse, en se disant : "Peut-être que s'il n'y avait pas eu le projet de la Baie James, l'histoire des coops inuit aurait été différente."

Est-ce que le modèle coopératif est encore pertinent? Le modèle, oui, en tant qu'*esprit*. Je veux dire que la formule d'organisation coopérative n'est pas une panacée. Je ne suis pas certain qu'il serait souhaitable demain de multiplier les coopératives, en tout cas au Nord, chez les Inuit. Mais comme esprit, je crois que celui des coops est plus que jamais indiqué. Cet esprit, il est anti-dépendance étatique, anti-dépendance bureaucratique, anti-clientèliste, anti-ethniste. Son projet est d'affirmer : "Le monde étant ce qu'il est, on va le prendre et on va lui imposer notre signature à partir du maximum

d'efforts autonomes"; je crois que cet esprit-là, demeure extrêmement pertinent.

Pourquoi? Parce que, au Nord, l'État c'est 80% de tous les revenus
monétaires que touchent les Inuit; 42% de toutes les dépenses dans la région;
75% de toutes les bâtisses, de tous les équipements. Cette région n'est pas
gouvernée, elle est administrée, super administrée, supra administrée, avec
une participation autochtone, mais une participation qui reste essentiellement
confinée aux échelons techno-bureaucratiques. Ce n'est pas une participation
législative, responsable, délibérante, démocratique, large. Je ne dis pas que
les institutions de la Convention ne sont pas démocratiques, mais elles
convergent toutes vers des appareils techniques et non pas vers une
assemblée délibérante et responsable de citoyens.

Deuxièmement, il faut bien reconnaître que le déficit de la région va en
s'accroissant continuellement. Il s'établissait en 1983 à 122 millions de dollars
si on inclut la Société des postes et l'Hydro-Québec. 122 millions de dollars,
est-ce beaucoup? Il est très difficile d'en juger. J'ai lu quelque part qu'à la
même époque, pour 55 000 personnes, le gouvernement du Danemark a
transféré 100 millions au Groenland. Ici, c'est dix fois plus. Il n'est pas possible
de déterminer si les gouvernements dépensent assez dans la région. J'ai bien
peur, toutefois, qu'ils dépensent mal. Mal, parce que, en somme, on n'a pas
vraiment réussi le décollage économique, ni le décollage politique.

Demandez aux gens qui administrent la Convention: certains, je les ai
lus, critiquent le système vertement. Par ailleurs, du point de vue socio-
culturel, l'évolution des choses, en particulier de la jeunesse, est inquiétante.
On assiste aussi à une marginalisation de gens qui servent de modèles pour
définir l'Inuit authentique qu'il s'agirait de conserver: l'Inuit unilingue, chas-
seur-cueilleur. Ces gens-là sont marginalisés politiquement. Ils le sont aussi
économiquement, malgré les programmes d'aide: ce ne sont pas eux qui
profitent le plus de la manne.

Et puis, il y a surtout cette couche de jeunes gens entre 18 et 29 ans,
dont 20% seulement occupent un emploi, qui ne sont pas vraiment engagés
dans une carrière de chasse et pêche et qui se trouvent un peu désoeuvrés,
ce qui inquiète beaucoup leurs parents.

Il y a au Nord toutes sortes de troubles sociaux déplaisants et
inquiétants: violence domestique, accidents, traumatismes et les courbes de
mortalité qui s'ensuivent. Et l'identité culturelle des Inuit, enfin? Toute
l'administration fonctionne à peu près en anglais, avec une logique technocra-
tique. On sent que les composantes culturelles évoluent dans ce sens plûtot
qu'en faveur des pratiques quotidiennes signifiantes.

Et je me dis: "Ça, c'est peut-être le contre-développement". Est-ce que les coopératives pourraient être encore utiles là-dedans? Si mon temps n'était pas écoulé je vous le dirais...

NOTES BIOGRAPHIQUES

JEAN-JACQUES SIMARD

Jean-Jacques Simard est professeur titulaire au Département de sociologie de l'Université Laval. Il est notamment titulaire des cours de société québécoise, développement et aménagement du territoire, théorie de l'identité, technologie et société, mouvements sociaux, sociologie générale et société post-industrielle.

Ses recherches couvrent des domaines aussi variés que la révolution tranquille et le développement régional, la coopération au Nouveau-Québec inuit, l'identité et l'histoire amérindienne de Pointe-Bleue, l'épidémiologie de la Basse Côte-Nord, l'économie politique du Québec arctique, la culture organisationnelle et autres.

En plus d'avoir prononcé une trentaine de conférences au Canada et à l'étranger ainsi que d'avoir accordé une vingtaine d'entrevues aux médias, Jean-Jacques Simard compte déjà deux livres publiés ainsi que plusieurs articles scientifiques.

Bien que considéré comme un expert des cultures autochtones, de l'ethnicité, du multiculturalisme et encore de la société moderne, monsieur Simard ne se considère pas comme un expert mais comme un sociologue généraliste et un théoricien.

Il détient un doctorat en sociologie de l'Université Laval.

WASWANIPI AND ITS FUTURE OPTIONS FOR DEVELOPMENT

ABEL KITCHEN

CHIEF,
WASWANIPI BAND COUNCIL

RÉSUMÉ

Le chef Abel Kitchen a dressé un portrait détaillé de cette jeune et petite communauté que constitue Waswanipi. On y retrouve les principales structures nécessaires à la vie d'un village. Les églises, édifices administratifs, cliniques, écoles, etc. constituent des exemples du bon développement de Waswanipi.

Une des caractéristiques de ce coin de pays, c'est la jeunesse de la population. Cependant, des efforts doivent être mis afin de conserver les emplois pour éviter une migration de cette population. Les activités de chasse, de pêche et de trappe sont toujours présentes, mais même si le développement économique est là, il doit prendre de plus en plus d'importance. Bien que la chasse rapporte un million de dollars annuellement, cette activité est grandement menacée par les technologies nouvelles comme la motoneige et les techniques de piégeage qui amènent en soi une exploitation maximale du territoire. Les opérations forestières menacent aussi la chasse, la pêche et le piégeage. "Nous sommes pour le principe, mais contre l'envergure des opérations forestières, nous devons respecter une saine gestion", explique monsieur Kitchen.

Il doit y avoir construction de nouvelles maisons, de nouvelles écoles, d'autres routes. La stabilité des emplois est un objectif à atteindre, de même que l'analyse des richesses naturelles qui préoccupent ce peuple. Le chef s'interroge devant le silence gouvernemental concernant certaines promesses d'un volume de bois supplémentaire afin d'établir une industrie viable. Et que dire des mines et du tourisme qu'on semble vouloir leur refuser.

Il y a eu beaucoup d'ententes signées de bonne foi, une nouvelle époque semblait poindre à l'horizon, mais tout cela s'est révélé faux et il reste encore beaucoup de chemin à faire.

Monsieur Abel Kitchen est catégorique: "Nous n'accepterons que les projets qui respecteront la façon de vivre de notre peuple. Nos préoccupations doivent être prises en considération." Ils veulent être des partenaires au développement, des participants à part entière, avec des droits égaux.

ABSTRACT

Chief Abel Kitchen gave a detailed portrait of this small and young community which is Waswanipi. The main structures necessary to the life of a village can be found there. The churches, municipal buildings, clinics, schools, etc. are examples of Waswanipi's sound development.

One of the characteristics of this area is the youth of the population. Efforts must be made, however, to keep the jobs in order to avoid the migration of this people. The hunting, fishing and trapping activities are still very much alive in spite of the fact that economic development is present, and is called to take an ever-increasing importance. Even though hunting generates a million dollars a year, this activity is seriously at risk because of new technological advances such as the snowmobile and the updated trapping techniques which, in themselves, engender a maximum exploitation of the territory. Our forestry operations are also a menace to hunting, fishing and trapping. "Nous sommes pour le principe, mais contre l'envergure des opérations forestières, nous devons respecter une saine gestion", (We accept the principle, but are against the importance of forestry operations; we must ensure sound management), stated Mr. Kitchen.

Other homes, new schools and roads must be built. Employment stability is an objective to be reached, as well as the analysis of this land's riches; this land which is at the centre of its people's preoccupations.

The Chief questions himself on the government's inaction concerning promises for a supplementary volume of wood in order to establish a profitable industry. What can we add about the mining and tourist industry from which they seem to have been excluded.

Many agreements were signed in good will; a new era seemed to be on the verge of dawning, but all of this resulted in falsity and much remains to be done.

Mr. Abel Kitchen is categorical: "Nous n'accepterons que les projets qui respecteront la façon de vivre de notre peuple. Nos préoccupations doivent être prises en consideration" (We will not accept projects that will go against the lifestyle of our people). They wish to be partners in development; full participants with equal rights.

I want to talk today about Waswanipi and its future options for development, which I feel are closely related to this symposium on the future on Northern Quebec.

Waswanipi is a small community of 1,074 people. It is situated on highway 113, approximately 320 km from Amos. It is a new community, relocated from its historical site on Waswanipi Lake, approximately 30 km to the east.

After four years of negociations with the federal government, the first house was built in the summer of 1976, one year after the signing of the historic James Bay and Northern Quebec Agreement between the Cree, Inuit, the governments of Canada and Quebec and the crown corporations.

Eleven years after the signing of the Agreement, the community has undergone notable changes. Today, we have:

- 136 individual houses,

- Water, sewage and road systems to serve the community,

- Approximately 25 buildings used for educational purposes (class rooms, administration and residences for teachers),

- A clinic with two full-time nurses and regular periodic visits from specialists,

- Two churches of Anglican and Pentecostal denominations,

- Three buildings for the band's administration and activities,

- A police station with two full-time employees,

- Lodging facilities for out-of-town workers,

- Two warehouses,

- A multi-purpose arena,

- One community owned gas station,

- A community owned cafeteria,

- An industrial garage for servicing cars, small engines and heavy equipment.

In the public service sector, a local administration has been set up to deliver services to the population and to deal with the operation and maintenance of our village. To deal with economic development, the band has also set up a development corporation to manage and promote profit-oriented industries.

As a result of the signing of the James Bay and Northern Quebec Agreement in 1975, and from an economic base almost entirely related to the traditional activities of hunting, fishing and trapping, my community has experienced a broadening of employment opportunities and a subsequent increase in income levels.

It is evident to us when we look at the present activities of my people in the area of hunting, fishing, trapping and economic development, and view them in the context of our population trends, that economic development will have to play a more important role in producing opportunities and income.

I would like to explain this further. In my community, the population is very young, with approximately 50% of the total population is under the age of 20. Future projections indicate that this trend will continue into the immediate future. The impact of this trend obliges us to develop opportunities which will promote employment and generate business activity in the community. To do otherwise would mean the migration of these people from our community.

To meet this challenge, we have our traditional options and are exploring others. One of the continuing options is the tradition of hunting, fishing and trapping, a way of life for my father and his father and still very much alive today. In real numbers, due to the increase in population, the number of hunters using the land is much greater than at any time in the past. Today, there are approximately 51 families or 192 hunters directly involved and affected by this way of life, and they hunt over an area of 35,000 km^2. It is, by far, the most important sector of activity for my people and it brings into the economy an amount in excess of one million dollars annually, largely due to the implementation of the income security program negotiated in the James Bay and Northern Quebec Agreement.

But there are constraints placed on this activity. The first relates to the number of hunters, both native and non-native, and the new technology used to hunt. New roads have opened the territory, allowing more hunters to utilize the area, and in some cases creating conflict between native and non-native users.

The use of snowmobiles has also increased mobility over the greater area of each trapline. The effect is a maximum utilisation of the land and resources.

The second constraint relates to the devasting impacts of forestry logging operations. In the James Bay and Northern Quebec Agreement, we reluctantly agreed to the principle that forestry activities are compatible with hunting, fishing and trapping, unaware of the new technology and the demand that would be placed on timber.

We are not opposed in principle to forestry logging operations, but we are opposed to the scale and speed of these operations, and frustated by the lack of political will of governments to address our concerns. It has reached the point that, in the southern part of our hunting territories, certain traplines have been logged out to such an extent that hunting is no longer a viable option. We believe that southern greed is the prime culprit and has suppressed the reasonable and sound management of this resource. We believe it is not too late to correct this situation, but the challenge will be to find equitable solutions to fulfill competing needs. In spite of these contraints, my people continue and will continue to hunt on these lands. We continue to see this activity as a viable option for many of our people for many years to come.

In the public service sector, as a result of the James Bay and Northern Quebec Agreement and the Cree-Naskapi Act, local administrations have been established and now provide services in municipal maintenance, public health and safety, economic development, environmental and land management, housing and recreation. Regional entities have also been set up, such as the Cree Regional Authority/Grand Council of the Crees, the Cree School Board, the Cree Board of Health and Social Service, etc; I feel that there are limited options for increasing employment in these sectors, except by replacing retirees and non-natives as more native professionals enter the market.

In the sector of community development, the band has been constructing houses and other public facilities for the past eleven years. I have already listed what we have, and, in the immediate future, we see the need to continue building more houses for our expanding population. We also foresee additional public buildings, a new school, and the extension of water and sewage networks and road systems within the community.

In the foreseeable future, we also believe there are options for continued development and steady employment opportunities in carpentry and in the more specialized technical areas such as electricians, plumbers, etc.

In the sector of economic development, the band has initiated several projects. We have set up the **Waswanipi Development Corporation**, which is presently involved in the management and operation of forestry logging operations, the cafeteria, lodging facilities, a gas station, the band's equipment division and the industrial garage. It is also involved in a joint venture arrangement with the Cree Construction Company for the clearing of the transmission line.

Through these efforts, we have created ten permanent and approximately fifty seasonal job opportunities. We will continue to use this vehicle for the development of other opportunities for our band.

We are also looking at developing the resources on our lands. For the past five years, we have been involved in logging operations on our 231 square miles of land. We exploit this resource in such a way that it will continue to be available for future generations, and so that the negative impacts on the hunters who use the lands will be minimized.

We have also been asking, for the last five years, for an additional volume of timber which will enable us to establish a long term, viable industry in our community. We have been told in effect to cut our wood only on our lands. There have been verbal promises of additional wood, but to date this has not materialized.

The new Forestry Act, which, in effect, confirms the acquired rights of the logging companies in the region, essentially *excludes the Crees in the long-term from any serious participation in this industry*. Being the original inhabitants of this area, we do not see any justice in this.

We are also looking at an involvement in mining, but pre-agreement negotiations to settle land boundaries demonstrated the will of the governments to exclude the native parties from potential areas.

Yet another sector of interest to us is tourism. One of the provisions of the James Bay and Northern Quebec Agreement related to this sector is called the "right of first refusal", a procedure to regulate tourism development. Although this procedure has been blocked from implementation by the government, the right of government crown corporations to begin setting up facilities to promote this industry has not.

We feel the greatest potential for future development of our community will be in this sector. Renewed commitment and political will to implement the provisions of the James Bay and Northern Quebec Agreement related to this sector will have to prevail, however. We are now placed in a position where financing economic development remains largely a year-to-year arrangment on a project-by-project basis. It makes the definition and implementation of long-term planning and projects an extremely difficult undertaking.

When we signed the James Bay and Northern Quebec Agreement and other agreements since then, we signed in good faith, on a government-to-government and nation-to-nation basis, on the principle that we were beginning a new era of relationship and cooperation and a basis for co-existence with Quebec and Canada.

However, the last eleven years have indicated otherwise. We have had some success, but we still have a long way to go to fully implement the James Bay and Northern Quebec Agreement, both in spirit and intent. We can no longer give lip service to this constitution of the Cree nation.

We did not, by signing this agreement, give full consent to any development. We will continue to oppose any project which we feel is detrimental to our way of life and our land.

We did not, by signing this agreement, give up our rights to be included in any discussion related to these lands. We believe the present vehicles, such as the James Bay Development Corporation and J.B.M. are no longer adequate to meet the challenges of the changing times and to ensure the consideration of our concerns.

We are not opposed in principle to the development of the north, in spite of what has been said about the Crees being an obstacle. We do not wish to be consulted only; I think we have been consulted to death. We want to be partners to this development, but equal and participating partners.

As original inhabitants of this area, can we ask for less?

ABEL KITCHEN

Chef de Waswanipi depuis 1981, Abel Kitchen est également directeur général de l'Administration régionale crie.

Il est membre du conseil d'administration du Grand conseil des Cris du Québec (G.C.C.Q.), de la Société de développement autochtone de la Baie James, de la Corporation de logement crie (C.H.C.), ainsi que du Conseil de santé cri (C.H.B.).

Monsieur Kitchen a assumé depuis 1978 des postes de direction auprès de différents organismes et compagnies. Mentionnons entre autres qu'il a été directeur de la Corporation de relogement de Fort-George, président de la Compagnie de construction crie et président de la Société de logement crie.

Monsieur Kitchen a également une expérience de travail dans le domaine minier auprès du ministère des Affaires indiennes et du Nord (M.A.I.N.C.), ainsi que dans le domaine de l'éducation des adultes.

Il a fait ses études à l'Université McGill et à la Northern Institute of Technology en Ontario, d'où il est diplômé en génie civil.

CHAPITRE III

LA GESTION DU DÉVELOPPEMENT NORDIQUE

THE POLITICS OF GEOGRAPHY

OLA ULLSTEN

SWEDISH AMBASSADOR TO CANADA

RÉSUMÉ

Il existe plusieurs similarités entre le Canada et la Suède, que ce soit au niveau politique, économique, industriel. La forêt, les mines, le climat et finalement le poisson sont des exemples concrets de cette similitude. L'analogie se retrouve aussi entre le Québec et la Suède. Il s'agit de considérer les gisements de fer, de cuivre, etc. qui sont nécessaires au processus d'industrialisation.

Les problèmes de la Suède et ceux du Québec sont similaires, soit la non-via-bilité d'une économie basée sur les matières premières, sur une économie unique.

La population du Nord est disséminée, éloignée des grands centres et pourtant elle a les mêmes besoins. Les relations interrégionales, nécessaires à la réussite économique, sont excellentes pour le Nord, pour toutes les autres régions et par le fait même pour la Suède.

Le plein emploi, une bonne planification industrielle, une politique en matière d'éducation font partie des objectifs à atteindre pour un bon développement de ce pays (Suède).

Les régions ont droit à une égalité des services, elles ont à vivre dans des lieux différents mais ne doivent pas être isolées du reste du pays. C'est pourquoi il y a eu pour le Nord une décentralisation de l'administration gouvernementale, la création d'une université et de collèges universitaires.

La Suède dépend, comme le Canada, du marché international. Le pays ne doit pas demeurer fermé, enclavé mais doit être compétitif dans le monde de la concurrence internationale. Une orientation à prendre, c'est l'investissement dans la recherche et le développement. La citation suivante, de M. Ola Ullsten, illustre bien l'idéologie de ce pays, soit:

> L'objectif de la politique régionale devrait faciliter un développement démographique équilibré, respecter les possibilités d'emploi, la qualité des services et de l'environnement.
>
> La politique régionale devrait être menée de façon à ce que les entreprises se développent d'une manière positive, visant la création d'emplois dans toutes les régions en vue d'un équilibre interrégional.

ABSTRACT

Whether it be at the political, economic or industrial level, there are many similarities between Canada and Sweden. The forest, mines, climate and finally the fish are vivid examples of this similarity. The analogy is also present between Quebec and Sweden. All we have to do is take a look at the deposits of iron, copper, etc., which are vital to the process of industrialization.

The nature of Sweden's problems is similar to that of Quebec, i.e., the short lifespan of an economy based on raw materials; on a single economy.

The North's population is spread out, far from the big urban centres, yet it expresses the same needs. Interregional rapports, which are relevant to economic success, are excellent for the North, for all the other regions and for Sweden, by the same token.

Full employment, serious industrial planning, a policy concerning education are but a few of the objectives to be met in order to ensure the adequate development of this country (Sweden).

The regions have a right to equal services. They must live in different environments, but must not be isolated from the rest of the country. This explains why the North has lived the decentralization of governmental administration, the creation of a university and university colleges.

Just like Canada, Sweden depends on the status of the international market. The country must not close in on itself and become isolated from the exterior. Rather, it must take its place within the world of international competition. One orientation to be taken is to invest in research and development. The following quotation from Mr. Ola Ullsten vividly illustrates the ideology of this country: "L'objectif de la politique régionale devrait être de faciliter un développement démographique équilibré, en respectant les possibilités d'emploi, la qualité des services et de l'environnement". (The objective of the regional policy should facilitate the attainment of a balanced demographic development with respect to job opportunities, the quality of services and the environment.)

"La politique régionale devrait être menée de façon à ce que les entreprises se développent d'une manière positive, visant la création d'emplois dans toutes les régions en vue d'un équilibre interrégional." (The regional policy should be dealt with so that enterprises develop in a positive fashion with the aim of creating jobs, in all the regions, to reach an interregional balance.)

There are obvious similarities between Sweden and Canada. Both countries are highly industrialized welfare states and democracies. Even in a physical sense there is a resemblance; Canada and Sweden are both covered with an abundance of forest-land, with mines full of ore, with a climate for agriculture and plenty of fish in our vast waters.

One difference, of course, is that you have about twenty-five times as much of everything as we have.

If I narrow the scope of comparison to one between Quebec and Sweden, again I see the obvious likeness. Probably because both Quebec and Sweden form part of the same geophysical scalp of our globe. With all that goes with it: not only one natural resource base but also the kind of minds that nature has given to us northerners.

If I venture to limit my focus of comparative geopolitical studies even further, to northern Quebec, or even to the district of Abitibi-Témiscamingue, again I see the obvious similarities. In front of me appears the northernmost part of Sweden, an area colonized earlier than northern Quebec, but for the same reason: because of its rich deposits of iron, copper, gold and other minerals, its endless areas of forests and its wild but tameable rivers. All of which were much needed in Sweden which, like Quebec, had its centres away from where the raw materials emanated.

The kind of problems parts of our North are faced with may not be identical to yours, but the character of the problems probably is:

- the vulnerability of one-industry communities,

- the unreliability of an economy heavily dependent on price-sensitive raw materials,

- the sparsely populated areas, with usually less access to public services and cultural output.

We can never achieve a complete equality between regions in any country which is geographically compatible to Quebec and Sweden. But even if the geographical factors can't be eliminated, they must be one of the main concerns for governments with justice and welfare as targets for their policy.

This is how this thought is phrased in our most recent Regional Policy Act:

- Regional policy should be aimed at facilitating balanced demographic

development in the various regions of the country and at making employment, services and a good environment available to everybody in Sweden, wherever they live.

- Regional policy should be conducted with a view to promoting the positive development of enterprise, employment, etc., in all parts of the country and with the aim of interregional balance.

If those are the aims, then what are the means?

For one thing, the North is as much a part of Sweden as is any other region. What is good for Sweden is also good for the North.

The North benefits when our policy of full employment is successful, and suffers when it is not. At present, we have an unemployment rate that averages 2.1%. For the northernmost county, the figure is 4%. For our so called "far-out counties" taken together, the unemployment rate is 2.8%.

For us, full employment is the number one target for all of our development and economic policies. Thus, our regional development policy should be seen as part of our strategy for employment for everyone who wants a job.

In this respect, our regional development efforts are on par with our labour market policies, our industrial planning and last but not least our educational policy.

But jobs can't be purchased on the market like you go out and buy two pounds of fish or a gallon of gasoline. Not even government funds can buy you lasting employment. Jobs must be created. There are no shortcuts on the road to full employment. Economic growth is a must. If growth is to occur, the economy of the **whole** country must be adjusted to that goal. An open economy like ours can't afford industrial sectors which are no longer internationally competitive.

Creating jobs forces one to be sensitive to developments on the international market and to accept an ongoing process of restructuring.

Behind our rather nice looking unemployment figures lie hundreds of thousands of lost jobs; lost in one sector, regained in other sectors.

Specifically tailored subsidies for the development areas play a rather insignificant role in our regional development strategy. According to a newly published study, direct subsidies to the least developed areas of the country amount to only some 2.5 % of the total reallocation of financial resources from the central government to the regions or to the local municipalities.

Direct financial support for the industry amounts to less than 100 million Canadian dollars a year and is mainly intended to encourage and assist people who want to start a small business.

To ensure that our industry remains competitive is, of course, a task for the industry itself, be it crown corporations or private. The role of the various levels of government is to provide good conditions for business.

Some of these efforts must be designed to meet the specific needs of the type of development areas that are represented by our North, but that are not unique to the northern part of Sweden.

Still, what seems to have contributed most to the relatively stable situation which now exists between the regions are policies like these:

- the extension of the compulsory secondary school system during the sixties;

- a sweeping reformation of the high school system which also meant a dramatic increase in the number of students that could actually attend high school;

- the establishment of a university in Northern Sweden (Umea) and of university colleges in a number of smaller cities around the country, two of them located in the northernmost county of Norrbotten;

- a merging of the numerous local villages and towns into a relatively small number of municipalities which are large enough to have the financial strength to give its population good services in areas of their responsibility: day-care centres, homes for the aged, schools, etc.;

- a program for relocating government agencies from Stockholm to various parts of the country, which provided some 10,000 new jobs outside of the capital;

- an increase in financial support for cultural institutions and activities, etc.

To these policies should be added the importance of a fair distribution of resources and services that can be achieved by an extensive public sector and the jobs it creates, particularly if you have a decentralized administration. It is estimated that out of the total distribution of financial resources from the central government to regions and local municipalities, more than one half are public expenditures for social services. These are provided by central government agencies or by the local municipalities but financed through funds from the central government.

Of course, these resources are allocated throughout the country but according to a pattern of distribution that takes into account the supporting capacity of each region. Proportionally, the region that receives the most gets three times as much as the national average.

It may well be suggested that the very severe regional demographic imbalances of the 50s and 60s now appear to have stabilized.

The demographic changes which still prevail seem mainly to be confined within our 28 counties, which also constitute our geographical planning entities.

This is not to say that threats toSweden's relative regional stability do not exist. Sweden is, for example, extremely sensitive to world economic trends. If ever there was such a thing as an economically independant nation, that is not so anymore.

When it isn't the price of oil going up, it is the Dow Jones Index going down. These two occurrences, which took place far away from our shores and at a respectful distance even from yours, both had immediate repercussions felt in the county of Norrbotten, as well as in Abitibi-Témiscamingue.

What kind of long-term effects the stock market crash will have on the world economy we don't know for sure yet. However, we do know what the oil crisis meant to us. It meant that we had to close down the remaining part of our shipbuilding industry, once second in size in the world but diminished dramatically even before the oil crisis took its toll because of heavy competition from countries in the far East.

Our steel industry was on the verge of a complete collapse but was salvaged thanks to drastic restructuring with a subsequent loss of thousands of jobs.

For the North, it meant an imposed slowdown in the mining output. But it had an even more dramatic effect in the steel manufacturing strongholds of the central part of Sweden, which, together with the south-east, have become two new areas faced with employment problems. This is so not because of its remote location and colonial structure, but because an old and cost intensive Swedish industrial structure was washed away by the new industrial revolution that is still taking place in certain parts of the Third World.

We have seen such changes before, we are facing them now, and will continue to face them in the future. As a matter of fact, we have usually emerged from such changes not only alive, but actually economically strengthened.

We still enjoy a high standard of living, even in the so-called developing areas of our country. Our industry is stronger than it has ever been before. There are 10 times more Swedish investments abroad that there are foreign investments in Sweden. Our multinationals the SKFs and the Atlas Copcos, the Volvos and the SAABs, the Electroluxes and the Ericssons, the ASEAs and the IKEAS are all doing well. As long as our economy is strong, the regional disparities can be handled. But nothing is given to us, or to anybody else, for free.

If anything is to be learned from the Swedish experience—and from the equal experiences of other small and heavily industrialized countries—it is that you can't lock yourself in. You can't protect your borders: you cant't try to keep every single industry; you can't promise to everyone that they will live forever where they live today, or that they will work forever in the same job and expect a constant increase in salary. That just does not work. The market forces should be harnessed to one's advantage but they can't be ignored.

We have learned, from recent years of hardening international competition and many years of effort, to reach for the goal of equal opportunity for people, wherever they may live. Since it is all a matter of handling, in the best way possible, forces that don't always go our way, by doing so together, the outcome is likely to be successful.

If little Sweden has something relatively unique to boast about, it may be in the area of trying to build national consensus when problems seem to be complicated enough not to lend themselves to easy solutions. When it comes to industrial adjustment and regional planning, there are at least three parties involved: business, government and the employees. A restructuring plan for a community that is threatened by heavy lay-offs demands something from each one of those parties.

From industry, an effort to make replacement investments in other kinds of production. From government, a commitment to provide financing. And from the employees (through their unions), a willingness to accept changes. Funds are usually never put into projects unless there is a long term plan to which those three parties agree. When there is such an agreement, it is also likely that the input of capital will have been a more farsighted investment than if the responsibility had not been shared by all the parties concerned.

That is how in the southern city of Landskrona, the shipyard which had to be closed down was replaced by 50 small and medium sized companies fostered by a regional investment fund drawing on a central government contribution of some 30 million Canadian dollars.

In Kiruna, the iron ore mines (with 400 km of tunnels, the world's largest underground mining complex) were scaled down and switched to pelletized ore output. At the same time, 350 new jobs are about to be created in the aerospace and computer sectors.

In Uddevalla, on the west coast of Sweden, the closing down of another shipyard was compensated by the building of a Volvo plant that today provides some 1,000 jobs. In Malmö, SAAB stepped in to replace yet another shipyard.

The politics of geography is not a matter of trying to change geography. Nor should it be a prescription for denying that there are geographical differences and that those differences place some regions in a less privileged position that others.

To be effective, the politics of geography have to meet the challenge of regional disparities. Life can't be the same in all parts of any country. But it can be a lot better in most places if development planning takes into account the whole of the country (or the province), not only those areas where the grass is always green.

NOTES BIOGRAPHIQUES

OLA ULLSTEN

Monsieur Ullsten obtient un baccalauréat en sociologie en 1956. Il commence sa carrière en 1957 à titre de secrétaire du Parti libéral de Suède. De 1962 à 1964, il est président de la Fédération des jeunes du parti libéral et éditorialiste au journal national *Dagens Nyheter* Membre du parlement pendant 20 ans, il occupe différentes positions de haut niveau au sein du parti:

- de 1976 à 1978, il est ministre du Développement et de la Coopération internationale, également, ministre de l'Immigration;

- en 1978, il est premier ministre adjoint;

- de 1978 à 1979, premier ministre;

- de 1978 à 1983, chef du Parti libéral;

- de 1979 à 1982, premier ministre adjoint et ministre des Affaires étrangères.

Monsieur Ullsten est l'auteur de *The Liberal Party and the Reforms, Liberals on the Subject of Development* et *Liberal Ideology and Policy*.

Depuis 1984, Ola Ullsten est ambassadeur de la Suède au Canada.

LA POLITIQUE DU GOUVERNEMENT CANADIEN EN MATIÈRE DE DÉVELOPPEMENT NORDIQUE

JACQUES GÉRIN

SOUS-MINISTRE ASSOCIÉ
MINISTÈRE DES AFFAIRES INDIENNES
ET DU NORD

RÉSUMÉ

Toute la machine fédérale, à quelques grincements près, semble orientée vers la prise en charge, par les occupants des territoires nordiques, de leurs pouvoirs, de leurs décisions et de leurs leviers socio-économiques. "Le fédéral cède la place, avouait monsieur Gérin, ce n'est plus exclusivement une vision du Sud pour le Nord".

Cette nouvelle façon de faire repose sur une volonté politique, d'abord sur une prise de conscience que le ministère des Affaires indiennes et du Nord n'a plus de légitimité, sur le fait que les gens du Nord possèdent un veto plus fort que celui des gens d'Ottawa et enfin sur une foule de leaders scolarisés, formés et rompus aux rouages politiques et administratifs.

Des mesures sont mises en oeuvre pour garantir la faisabilité d'un tel projet. Les prochains traités comprendront des plans de mise en oeuvre et des processus de règlements sur les différents mécanismes d'arbitrage. Des responsabilités de nature provinciale, mais jusqu'ici conservées par le fédéral, seront transférées aux gouvernements territoriaux notamment dans le domaine des richesses naturelles, dans l'optique qu'ils aient en main la gestion des ressources naturelles et de projets. Des transferts importants de fonds sont également effectués pour que les assemblées territoriales les gèrent elles-même (60% du budget du Yukon et 70% du budget des T.N.O.).

En clair, les occupants des territoires du Nord du Canada, majoritairement autochtones, seront de plus en plus responsables de leurs décisions et, de part et d'autre, des efforts seront faits pour que les leçons du passé améliorent nettement la qualité des rapports et des accords. Reste à voir comment les résistances vont se manifester, reste à voir combien de temps la pendule restera du côté de la décentralisation et reste à voir comment les textes juridiques seront rédigés.

Quoi qu'il en soit, cette nouvelle attitude des politiciens et fonctionnaires fédéraux changera passablement les règles du jeu et tous devront s'adapter... jusqu'au Père Noël qui devra d'abord déverser ses cadeaux à ses occupants du Nord avant de servir les sudistes, comme ce fut le cas depuis les premières expéditions de McKenzie.

ABSTRACT

The whole federal machine, notwithstanding a few dusty movements, seems to be geared towards the taking in charge, by the residents of the nordic territories, of their powers, choices and social-economic levers. "Le fédéral cède la place, said Mr. Gérin, ce n'est plus exclusivement une vision du Sud pour le Nord." (The federal government is stepping aside, it is no longer the South's vision of the North.)

This new outlook is based upon a political will; first, on the awareness that the department of Indian and Northern Affairs is no longer legitimate; on the fact that the people of the North have a power of veto which is stronger than that of the people of Ottawa, and finally, an array of educated leaders, trained and familiar with the political and administrative wheels.

Measures have been taken to ensure the feasibility of these aspirations. The next treaties will make provisions for start-up plans and regulation processes concerning grievances (mechanisms for arbitration). Responsibilities of provincial nature which have been, up to now, held by the federal, will be transferred to the territorial governments, namely in the field of natural resources, in view that they eventually take charge of the management of natural resources and projects. Important monetary transfers are also being done so that territorial assemblies can ensure their own management (60% of Yukon's budget and 70% of the N.W.Ts' budget).

Evidently, the residents of Canada's Northern territories, who are mainly natives, will be ever-increasingly responsable for their decisions and, on both parts, efforts will be made so that the lessons of the past significantly improve the quality of relations and agreements. It remains to be seen how opposition will show itself; how long the pendulum will stay on decentralization's side; how law texts will be written.

Whatever the case, this new attitude on the part of politicians and federal civil servants will considerably change the rules of the game and everyone will have to adapt ... Even Santa Claus, who will first have to shower the residents of the North with gifts before serving the South, as it was during McKenzie's first expeditions.

Nous sommes ici pour partager nos expériences. Pour apprendre les uns des autres.

Nous avons tous au moins en commun d'être "en quête d'expérience". Que nous soyons de la Suède, de l'Alaska, du Yukon ou du Québec, nous sommes à des degrés divers des nordiques. Nous appartenons à cette calotte polaire où l'évolution est très rapide. Où les peuples, comme partout, se prennent en main. Nous découvrons les dimensions stratégiques de cette calotte: les rendez-vous de sous-marins au pôle, et les rendez-vous des polluants y convergent, en provenance des latitudes industrialisées.

À des degrés divers, ce Nord, de quelque façon qu'on le définisse, a été et demeure une colonie. Définition classique de la colonie: les décisions qui impliquent ses habitants se prennent ailleurs et au bénéfice de la métropole. Mais cela change: le Home Rule au Groenland, les revendications réglées en Alaska, les traités modernes de la Baie James et des Inuvialuit. De plus en plus le Nord se prend en main. Cette décolonisation, cette prise en charge est peut-être le phénomène le plus important. Il est lui aussi stratégique tout aussi bien que culturel, social, économique et politique.

Autre généralisation: ce phénomène de colonisation, de présence dominante du Sud est historiquement récent. À cause de cela, les dynamismes internes sont encore forts. La situation est fluide. Il est possible d'aspirer encore à un bon résultat.

Qu'est-ce qu'un bon résultat? Essentiellement celui où les populations du Nord prennent en main leur propre avenir. Cela ne signifie évidemment pas l'autarcie. Il n'y a plus d'isolement possible, qu'il soit politique, économique ou social. La perméabilité au reste du monde sera toujours grande et nécessaire. Et d'ailleurs on cherche à tous les niveaux à tisser les liens de l'interdépendance (Inuit Circumpolar Conference, Conseil des pays nordiques). Mais cela n'empêche pas d'assumer ses propres responsabilités.

Assez de généralisation. Ma contribution à notre partage d'expérience, à notre apprentissage, sera de vous décrire les directions que prend actuellement le gouvernement du Canada dans ce Nord où il possède encore des responsabilités importantes. C'est-à-dire le Yukon et les Territoires du Nord-Ouest.

Quelques descriptions, les plus brèves possibles pour essayer de caractériser ces territoires:

- superficie totale de 2 500 000 km², soit 33 % de la superficie du Canada;

- population approximative de 73 000, dont 26 000 au Yukon et 47 000 aux Territoires du Nord-Ouest;

- proportion croissante d'autochtones de l'ouest à l'est (17 % au Yukon, 43 % dans l'ouest de l'Arctique, 86 % dans l'est);

- grande variété des populations: l'Assemblée législative des Territoires du Nord-Ouest reconnaît officiellement 7 langues;

- sur le plan constitutionnel, dépendance totale du gouvernement fédéral: la loi reconnaît le Commissaire, nommé par le ministre fédéral du Nord canadien, comme l'autorité dans chacun des territoires.

Heureusement, la réalité dépasse largement la fiction légale.

Il y a une Assemblée législative élue au Yukon depuis 1908; le gouvernement y est formé sur la base d'élections partisanes depuis 1970 et en 1979, le ministre fédéral donnait instruction au commissaire d'agir uniquement selon les avis du Conseil exécutif, c'est-à-dire du gouvernement du Yukon.

(On a voulu cet été faire revivre la fiction légale lors de la contestation en Cour suprême du Yukon sur l'Accord du Lac Meech. L'argument est tombé de son propre poids.)

L'évolution des Territoires du Nord-Ouest a été toute différente. Elle correspond à une réalité, une histoire différente. Bien sûr, les Territoires du Nord-Ouest comme tout le monde sait, c'est la terre de Rupert. Leur configuration moderne c'est cette partie au nord du 60° (plus les îles de la baie d'Hudson et de la baie James!) et à l'est du Yukon. Fait intéressant, il y avait de 1875 à 1905 une Assemblée législative élue. Lors du partage de 1905, Ottawa reprit en main tous les pouvoirs. Ce n'est que depuis 1951 qu'il y a de nouveau des élus au Conseil législatif et que depuis 1975 (douze ans!) que l'Assemblée législative se compose entièrement de personnes élues. Cette Assemblée compte maintenant 24 personnes élues sans affiliation à des partis. C'est l'Assemblée qui élit le leader du gouvernement et les membres du Conseil exécutif, comme on vient de le vivre très récemment.

Ce bref aperçu, encore trop schématique et plein d'omissions béantes, m'apparaissait nécessaire pour nous amener au contexte actuel. Où va le gouvernement fédéral dans le Nord? Question bien posée. Précisément, il s'en va. Il laisse la place. Lentement. Mais sûrement.

La politique fédérale au Nord du 60° repose sur quatre bases qui reflètent des directions profondes et inter-reliées. Ce sont, sans ordre de priorité puisqu'il s'agit bien de directions connexes:

1. **La promotion du développement économique**. C'est un rôle qui revient en partie au gouvernement fédéral à travers l'ensemble de notre pays. Ce rôle est cependant élargi au Nord à cause de la juridiction qu'il

conserve encore sur une bonne partie des ressources naturelles: terres, eaux, minerais.

La gestion de ces ressources et l'élaboration de politiques favorisant les activités de développement économique sont encore responsabilité fédérale. Par exemple, la politique minière publiée en 1986 ou l'élaboration d'un accord sur la gestion des hydrocarbures. À cause de la responsabilité particulière du gouvernement fédéral à l'égard des peuples autochtones, on y trouve également des programmes de soutien aux activités économiques de ces gens. Il existe aussi des ententes cadres de développement économique avec chacun des gouvernements territoriaux, qui s'apparentent aux ententes entre le Canada et les provinces.

Enfin — et d'une certaine façon c'est la contribution la plus importante du gouvernement fédéral — le gouvernement verse actuellement, sans lien ni condition et selon une formule établie en 1984, 60 % du budget du Yukon et 70 % du budget du gouvernement des Territoires du Nord-Ouest (pour un total cette année de 685 millions de dollars). Cette contribution budgétaire, la stabilité que permet la formule de transfert et l'indépendance qu'elle conserve aux deux gouvernements territoriaux, leur permettant d'exercer leurs propres priorités, est sans doute la contribution la plus originale et le plus importante que fait le gouvernement fédéral au développement économique (et politique) du Nord.

L'envers de la médaille, c'est cette dépendance trop grande de la fiscalité territoriale à l'égard du trésor fédéral. Dépendance qu'il faut évidemment chercher à atténuer. (Depuis quelques années, la contribution fédérale constitue une partie croissante du budget de chaque territoire.)

2. **Le règlement des revendications foncières**. Le règlement des revendications m'apparaît essentiel à tout progrès et c'est pourquoi le gouvernement actuel y a consacré beaucoup d'énergie. Ces règlements sont d'importance capitale à cause de leur dimension géographique, de la présence importante des autochtones dans la société nordique, de la nécessité de s'entendre de façon définitive sur l'appartenance des terres et parce qu'un règlement à l'avantage de toutes les parties sera une contribution sans pareille au progrès politique et économique de toute la population nordique.

C'est pourquoi il y eut une revue de la politique globale sur les revendications, des mandats retravaillés pour donner l'orientation aux négociations avec le Council of Yukon Indians et avec les Déné et Métis de l'ouest de l'Arctique; et qu'il y aura bientôt une orientation semblable donnée par le Cabinet aux négociations avec le Tungavik Federation of Nunavut (TFN). Il y a une politique, des mandats, des équipes de négociations au travail et des échéances agréées de part et d'autre et très courtes. Ce n'est pas facile.

On ne s'entend pas encore sur tout, loin de là. Il y aura encore beaucoup d'obstacles à franchir. Mais il y a eu beaucoup de leçons retenues des deux négociations antérieures, celle de la Baie James et celle des Inuvialuit de l'Arctique de l'Ouest (COPE). Par exemple, les prochains traités contiendront certainement des plans de mise en oeuvre et des mécanismes pour régler les différends. Il y a conscience de part et d'autre des conséquences dramatiques qu'aurait un bris des négociations. Et ce qui est encore plus important, une volonté commune d'en arriver à une solution équitable.

3. Le troisième point, c'est **le transfert aux gouvernements territoriaux** des responsabilités à caractère provincial que détient encore le gouvernement fédéral. Ce processus n'est pas nouveau. Il est en marche au moins depuis 1967. Les gouvernements territoriaux ont déjà la responsabilité de l'éducation, des services sociaux, de la plupart des programmes et services qui relèvent dans le reste du pays des provinces. Mais le gouvernement fédéral détient encore certaines responsabilités à caractère provincial, en particulier dans le domaine des ressources naturelles. Il est évident qu'il ne peut y avoir de gouvernement vraiment responsable sans qu'il ait en main cette responsabilité pour la gestion des ressources naturelles et le bénéfice des revenus qui en découlent. Le transfert de la gestion de ces ressources est en marche. La direction est claire et définitive, les progrès graduels. Non par réticence fédérale, mais à cause de la prudence de bon aloi des gouvernements territoriaux qui veulent s'assurer d'hériter et des responsabilités et des moyens adéquats pour les exercer. En plus, bien sûr, il ne faut rien faire qui nuise aux négociations sur les revendications. Par exemple, la responsabilité de la gestion des terres et des eaux ne peut être transférée tant que les revendications des autochtones n'auront pas été réglées. Mais ce transfert de responsabilités est fondamental. Il se fera jusqu'au bout.

4. **L'affirmation de la souveraineté**. D'abord au sens précis, l'affirmation de l'autorité canadienne sur le Passage du Nord-Ouest. Et au sens plus large, celle de la présence canadienne sur ces terres et ces eaux de l'Arctique. Cela se fait en construisant un brise-glace imposant. Cela se fait par une politique étrangère axée davantage sur la

coopération entre les pays circumpolaires, par une politique de défense qui reconnaît explicitement l'importance stratégique de l'Arctique. Cela se fait également en réalisant chacun des points dont je viens de vous parler: la reconnaissance des droits des autochtones, la prise en main des responsabilités gouvernementales par un gouvernement élu par les gens du Nord, le développement d'activités économiques. Ce sont tous des éléments permanents de la souveraineté canadienne sur l'Arctique.

Ce que je viens de vous décrire n'est pas une vision. Ce n'est plus à Ottawa d'avoir une vision pour le Nord. Ce n'est pas non plus un succès encore, ni une vérité. C'est simplement là où nous en sommes aujourd'hui.

C'est le résultat de bien des expériences. Bien des faux pas. C'est une approche qui subira sans doute des corrections en cours de route. Mais cette approche est cohérente. Elle est aussi basée sur un objectif de fond: le développement par les gens du Nord de leurs propres institutions politiques, économiques et sociales.

Et j'ai parlé de tout cela sans mentionner l'accord du Lac Meech! C'est à dessein. Non pas que cet accord ne soit pas important pour le Nord. Vous avez tous suivi le débat. Vous avez vu que ce qui est aux gens du Sud l'expression manifeste de la réalité canadienne a laissé dans le Nord un sentiment d'exclusion. Parce qu'on semble leur fermer les portes de l'accession éventuelle au statut provincial. Et peut-être surtout parce que tout cela s'est fait très vite sans que le Nord ait pu participer au débat.

Mais ce que j'ai voulu présenter, c'est qu'au-delà du débat constitutionnel, si important soit-il, il y a progrès réel, concret, tous les jours. Que ce progrès au niveau économique, social, politique (développement économique, revendications à régler, prise en charge des responsabilités) est essentiel à la pleine accession à l'autonomie politique.

Nous sommes donc en marche. En marche pour remettre les responsabilités à qui de droit et fermer le programme des Affaires du Nord. Ce qui ne veut pas dire l'abandon par le gouvernement fédéral de ses responsabilités nationales.

Cela ne se fera pas sans heurt, sans difficulté. Cela ne se fera même pas aussi vite que je le souhaiterais; que le gouvernement le souhaiterait. Mais c'est une expérience véritable de décolonisation. Des plus emballante.

NOTES BIOGRAPHIQUES

JACQUES GÉRIN

Monsieur Jacques Gérin est né à Montréal en 1938. Il a obtenu un B.A. du Collège Jean-de-Brébeuf (Université de Montréal) en 1956, un B.Sc.A. et un diplôme en génie civil de l'École polytechnique (Université de Montréal) en 1962 et une maîtrise en planification régionale de l'Université de la Caroline du Nord, à Chapel Hill, en 1968.

De 1962 à 1964, M. Gérin a occupé le poste de secrétaire administratif de la Conférence internationale des étudiants à Leiden, en Hollande. À son retour au Canada, il a travaillé comme ingénieur en planification et directeur de projets pour la société Surveyer, Nenniger & Chênevert inc. Durant cette période, une bourse lui a permis de compléter ses études en planification régionale. En 1970, il devenait directeur général de Sorès inc., filiale du groupe SNC, spécialisée en analyse et en planification économique. Il était également chargé de cours en planification régionale à l'Université de Montréal.

Monsieur Gérin est entré à la fonction publique du Canada en 1971 à titre de vice-président aux programmes bilatéraux, à l'Agence canadienne de développement international. Trois ans plus tard, il était nommé vice-président aux politiques de la même agence. En 1975, il remplissait la fonction de secrétaire adjoint du Cabinet (priorités et planification) au Bureau du Conseil privé. En juin 1977, il devenait sous-ministre adjoint principal au ministère de l'Environnement et le 20 décembre 1982, sous-ministre.

Il est sous-ministre associé pour le Nord, au ministère des Affaires indiennes et du Nord depuis le 15 août 1985.

NORTHERN
DEVELOPMENT POLICIES
OF THE YUKON

TONY PENIKETT

YUKON GOVERNMENT LEADER

RÉSUMÉ

Après la récession qui a frappé durement le Yukon de 1982 à 1985, le gouvernement de cette région nordique s'est lancé dans une vaste opération de consultation populaire qui avait pour but d'établir une stratégie de développement à long terme, stratégie qu'on a appelé YUKON 2000. Le but d'une telle opération n'était pas de nature strictement économique comme on serait porté à le croire. Quand les gens du Yukon parlent de développement, a dit M. Penikett, ils ne se réfèrent pas seulement à la capacité d'ouvrir de nouvelles entreprises mais à la capacité d'améliorer la qualité de tous les aspects de leur vie. Une telle vision dépasse largement les sentiers étroits de la croissance économique et de l'accumulation des richesses.

Les principales pistes qu'entend suivre la stratégie de développement qu'on est à élaborer au Yukon passent nécessairement par trois pôles économiques: la diversité et la flexibilité de l'emploi, c'est-à-dire une plus grande possibilité pour les gens du Yukon de passer d'un emploi à l'autre, que ce soit à titre de salarié, de travailleur autonome ou saisonnier; l'autonomie, c'est-à-dire la croissance du pouvoir de décision du gouvernement local, et une diversification des activités économiques.

Cette stratégie de développement repose sur le choix qu'ont fait les gens du Yukon de vivre dans cette région nordique et de se donner une meilleure qualité de vie.

ABSTRACT

After the recession which affected the Yukon very seriously from 1982 to 1985, the government of this nordic region launched a vast public consultation operation whose objective it was to establish a long-term development strategy called "Yukon 2000".

As one would think; the objective of such an operation was not strictly economic. "When people of the Yukon speak of development," stated Mr. Penikett, "they are not referring only to their capacity for opening new enterprises, but to their capacity for improving the quality of all the aspects of their life." Such an outlook is much more far-reaching than the tight guidelines of economic growth and capital gain.

The three main paths which the Yukon development strategy plans to follow must necessarily pass through three economic poles, variety and flexibility of employment, i.e., a greater possibility for people of the Yukon to go from one job to another, whether it be as salaried, seasonal, independant or autonomous workers; the growth of the local government's decisional power and a variety of economic activities.

This development strategy rests upon the choice that the people of the Yukon have made to live in a nordic region and offer themselves a better quality of life.

INTRODUCTION

Je vous remercie de m'offrir l'occasion de m'entretenir avec vous. Je regrette de parler français comme un Yukonais; alors, je donnerai mon exposé en anglais. Premièrement, je veux vous raconter une petite histoire.

On parle dans le Nord de l'ouverture d'une nouvelle mine. Un journaliste demande à un trappeur local de faire des commentaires sur cette mise en valeur. "Quant j'étais petit, indique le vieil homme, il n'y avait ici que des animaux, des arbres et des roches. Adolescent, j'ai regardé des gens venir ici chasser tous les animaux; puis, jeune homme, je les ai vus couper tous les arbres. Que je sois maintenant maudit s'ils ne reviennent pas s'occuper des roches!"

It is this pattern of northern development that our government was elected to change. For the last two years, Yukoners have been actively working to create a long-range strategy to foster a new kind of economic development. The opportunity to share our experience with you and learn from yours is one we have looked forward to with great interest and anticipation. The circumpolar north stretches across countries and encompasses many different peoples and diverse landscapes. But there is much that we have in common, much that we can share with one another.

The Yukon is a small community in the top left corner of Canada — occupying an area the size of Sweden. One quarter of us are aboriginal and the rest of us are settlers. Sixty percent of us live in Whitehorse, our capital city, and the rest in a dozen communities spread across rural Yukon.

Since all of you have a great interest in northern development, let me briefly describe where we've been, where we are, and where we are headed. Only recently have Yukoners come to a strong collective sense of our economic past, present, and future. This is largely due to a major economic planning initiative — Yukon 2000 — we have worked on for the last two years. I would like to report to you on what it told us about ourselves as northerners and the future course of northern development in our territory.

THE YUKON ECONOMY

First let me describe our situation. The Yukon has a very narrowly based economy. We have four main sectors. There is government, which still provides one third of all the jobs in the territory; mining, which once again after the recession is providing 15 percent of our jobs; tourism, which also employs about 15 percent; and support services, which provide the remaining one third. Looking at these numbers, it is obvious that we have almost no manufacturing and very limited forestry, fishing, farming, and other renewable resource-based industries.

In the recession which ravaged the Yukon between 1982 and 1985, there was a point at which all our mines were closed, our population had dropped by 10 percent, employment had dropped by 15 percent, unemployment rates had almost doubled, construction had been almost cut in half, retail sales had dropped considerably — virtually every economic indicator showed we were in real trouble.

Elected in May 1985, our government responded to the immediate crisis by making job creation our top priority. Within six months we had negotiated a development agreement with private investors and the federal government to reopen our biggest mine, at Faro, and we had directed tens of millions of dollars into new public works in order to put our citizens back to work. But this we knew would only bring temporary relief. We simply had to address the structural problems of our economy.

As many of you know, much of the Yukon's economic history can be characterized as a series of booms — the gold rush at the turn of the last century, the construction of the Alaska Highway in the 1940s, a mining boom in the late 1960s — and the busts which followed. Yukoners have learned the lessons of vicious-circle economics. We recognize that we have a weak, vulnerable, unstable economy that we must strengthen and diversify if we are to prosper on our own terms.

Before we could do this, however, we needed to have some sense of where we wanted to go. Because, as the famous American philosopher Yogi Berra once said, "If you don't know where you're going, you may wind up someplace else".

So our Cabinet launched YUKON 2000 — a long-range planning intiative to help us chart a new course, one that lay within our means, recognizing our weaknesses and building on our common strengths.

YUKON 2000

Our views of development are expressions of the kind of people we are or want to be. They indicate what we value on the job with our co-workers, at home with our family, and in the community with our friends and neighbours. With this in mind, YUKON 2000 set out to map our path to the future by talking with Yukoners in every community in the territory.

Through a series of public conferences, community meetings, and sectoral workshops we met business people, workers, women, Indians, politicians, public servants, educators, developers, volunteers, mayors, chiefs, and many others. We listened carefully as people expressed their different points of view about the nature of the Yukon economy and society. We heard about the conflicts between local, regional, and national governments; between Indian and non-Indian people; between competing users of public resources; and between people and government.

But for all their differences about what specific social and economic actions the Yukon should take, Yukoners appeared to be in broad agreement about many things. At the first major consultation in the mining town of Faro there was a consensus on four main goals for our community:

- the option to stay in the territory for us and our children;

- the need to assert more control over our own development;

- the desire to achieve an acceptable quality of life for our citizens; and

- the commitment to equality.

Along the way they developed an expanding appreciation for the value of the process itself as a consensus-building exercise, for this has been a very positive political activity. As well, we quickly came to agree on the need for a practical strategy that rose above narrow interests and built on our collective

strengths. We saw that this required us to better understand how we can contribute to the economy and how it, in turn, can enrich our lives.

When Yukoners spoke of development, they referred not just to our ability to open new business, but to our capacity to improve the quality of all aspects of our lives – both on and off the job. This includes better use of the goods and services we produce and consume, and it means caring for the environment in which we live and work. Such a view of development goes beyond the narrow goals of economic growth and the accumulation of wealth.

YUKON 2000 identified three basic features of strength in the Yukon economy that virtually everyone we spoke to suggested we build upon:

    – diversity and flexibility,

    – self-reliance, and

    – a mixed economy.

I would like to take a few moments to outline each of them, as they will form the heart of our development strategy.

DIVERSITY AND FLEXIBILITY

First, diversity and flexibility.

In an economy that has operated on a very narrow economic base, Yukoners have shown a high degree of job flexibility, especially during hard times. For many years, the Yukon has relied heavily on mining for the development of its economy. It is heartening that in such a specialized economy, individuals have demonstrated such an ability to find other employment-often temporary and seasonal-through its booms and busts.

This feature of our economy can be explained by our desire to remain in our communities and in the territory, even during periods of economic hardship. It also suggests, as many Yukoners have said again and again, that there is an underlying character to our economy that is often unrecognized, hidden in the shadow of mining and government.

Many Yukoners are involved in more diverse economic activities than formal statistics suggest. Many of us work in small businesses, cottage industries, household production, and subsistence activities for a few months at a time or part-time throughout the year, demonstrating a high rate of

movement in and out of the work force, as our economic circumstances or our interests change. It means turning to occasional wage work to provide cash to finance subsistence activities or to hunting and fishing to reduce the need for wage employment.

Seasonal work, spells of unemployment, a high rate of mobility in the work force – these are often viewed by southern Canadians as negative features of an economy and barriers to development. Yukoners hold a different view: far from being a barrier, this occupational flexibility has been a source of strength, an assertion of individual initiative in a larger economic environment. It has produced more economic options. Like a great sponge, it has held some who have lost jobs in the hard times and offered them greater employment opportunities in the good times.

In an economy that favours adaptability, the measure of economic well-being and success is not simply an industry's contribution to the gross domestic product, but the jobs it can provide our work force when they are needed. Encouragement of this feature of our economy means a more diversified economic base. It means more small-scale developments aimed at local markets, more local initiatives to meet local requirements, and more recognition of the importance of non-wage work.

Fundamental to a flexible and diverse economy is a well-informed and trained people. This places a special challenge before private – and public - sector employers and demands special attention for Indian people, women, and youth. Flexibility also requires government to carefully control its intervention in the economy and to consider carefully whether an institutional solution is appropriate to every economic problem.

SELF-RELIANCE

Now I would like to talk about self-reliance as a strength of our economy.

Between 1982 and 1985, when a dramatic decline in base metal prices threw the Yukon economy deep into recession, many of the territory's small businesses successfully scaled down their operations and made new working arrangments with their employees. Taking advantage of a low Canadian dollar and an increasing number of tourists, some were able to explore new local markets and offer new services. They did so with little government support.

Perhaps even more vulnerable to world trends than mining or tourism is the fur industry. Trapping has always been subject to the whims of fashion.

More recently, the Yukon's trappers have been faced with powerful international lobbies determined to curtail trapping and promote animal rights. In response to these outside forces, Yukon trappers have mounted their own lobbies while struggling to maintain their way of life.

The self-reliance and independence of Yukon people requires senior governments to recognize limits to their role in some circumstances. At the same time, they can encourage self-reliance through increased local control. Clearly measurable benefits flow from decisions made at the community level. The residents of our communities well understand the economic opportunities and constraints they face. They know the kind of economy they want to create and maintain. Increasing the decision-making capacity of local governments would, therefore, better equip them to tailor development projects to their own requirements.

A MIXED ECONOMY

Finally, I would like to explain how Yukoners view the mixed nature of their economy as a strength.

The northern economy is often characterized by outsiders as an industrial and a non-industrial economy standing side by side. Southerners see the industrial economy as a host of small businesses waiting for the second Klondike Gold Rush or the coming of Beaufort Sea oil. This congregation of small businesses praying for the next mega-project is viewed in stark contrast to the land-based hunting, trapping, and fishing activities which are misunderstood as the pastimes of a largely unemployed and economically marginal people.

Yukoners have a substantially different idea of their economy. It encompasses diverse activities that require us to reconsider our notions of economic value and worth and of the social costs and benefits associated with development. It suggests that by promoting a broader mix of economic activities and the economic value of many of our social activities, Yukoners promote the flexibility, diversity, and self-reliance which we consider so vital.

The gross domestic product as an indicator of economic performance does not take into account many of the things that our people consider important. Yukoners have indicated that the economy must serve our community – not the reverse. Schumacher called this "economic development as if people mattered".

The range of activities that Yukoners have described to us as economic is really a mix of sub-economies. It includes resource industries, small suppliers of services, non-wage household production, volunteer services, and government activities. It is this "mix" of economic activities that is basic to the flexibility our economy has shown in responding to change. This fact explains the high level of mobility between the wage and non-wage sectors and a certain dependency between them.

The public sector in our region is very large, and even people on the left complain of being over-governed, but few Yukoners would dismantle or "privatize" operations which can be effectively delivered only by government. Many view government as a powerful tool for maintaining the Yukon's mix of economies so that work remains meaningful, jobs are continually created, and viable businesses continue to emerge. This type of economy has inevitable conflicts, including competition for labour, capital, and land. So Yukoners expect government to promote new forums for resolving these differences. Predictably, this topic has been the feature of many YUKON 2000 discussions.

A YUKON DEVELOPMENT STRATEGY

The outcome of YUKON 2000 will be a Yukon Development Strategy we hope to publish early in 1988. After almost two years of research and listening to Yukoners, we recognize that there are things about which we disagree: things about which the rural and urban settlements have a different view; things about which the aboriginal community has a different view from the non-aboriginal community; things about which labour and business, men and women, old and young, may disagree.

But we are building our strategy on the areas of agreement, the common understanding of our strengths, of what is possible and what is achievable for us and our children in the years ahead. The success or failure of our strategy will ultimately test how well we have listened and how carefully we have considered what we heard.

IMPLEMENTING OUR IDEAS

In a number of areas we have acted in advance of the completion of a strategy. A powerful demand for increased local control emerged early from the YUKON 2000 planning exercise, and our government has responded on a number of fronts.

To better control our electrical rates and improve services to Yukon consumers, our government recently bought the Yukon assets of the Northern Canada Power Commission from the federal government. Control of this major utility will provide Yukoners with a powerful economic tool that is sensitive to local needs and requirements.

The Yukon has the leakiest of economies. It is said that if you put a dollar in the Yukon economy, a quarter instantly flows south for imported oil, ten cents follows for imported food, and another dime for building materials. This obviously represents a massive hemorrhage of jobs, taxes, profits, and potential.

To diversify our economy and reduce our dependency on outside goods and services, our government has made import substitution a central feature of our policy. Local sawmills furniture manufacturing, commercial greenhouse operations, game ranching, and fish farming are some of the projects we have supported and encouraged to increase the use of local materials, better apply the knowledge and skills of local people, and improve the local value added to our economy.

In the energy area we are helping retrofit private homes and businesses as well as public buildings. We are building a new 50-million dollar college which will be heated with local wood, coal, and garbage as an alternative to oil. We are promoting microhydro projects in the rural areas and waste-wood central heating plants in our towns.

SOME CHALLENGES

Just as we are taking certain immediate actions to strengthen the Yukon economy, so we must also identify some areas of concern that threaten to weaken the very areas of the economy that we are trying to strengthen.

Federal tax reform proposals for treatment of flow-through shares will seriously threaten our mining industry. Lead, zinc, gold, and silver mining remain the cornerstone of our economy, and their relative health currently affords us the time and resources to improve our opportunities for economic diversification. The capacity of the mining industry has been central to Yukon's economic survival in the past and our plans for strengthening and diversifying our economy in the future. It is expected that the life of several operations will be shortened by these tax proposals.

Unfortunately, the United States-Canada trade agreement may have serious repercussions for our actions to encourage both local control and import substitution. Such an agreement will seriously undermine our efforts to reduce our economy's dependency on and vulnerability to outside economic forces. As we have tried to diversify our economy within, so we have tried to diversify our economic relations without. Most of our mineral exports are bound for northern Europe and Pacific Rim countries. It is doubtful that the trading agreement with the United States will do much to strengthen our existing market arrangements.

LOCAL CONTROL

Some of these recent federal actions that I have described stand in direct opposition to what we are trying to accomplish for our long-term economic well-being in the Yukon. What we discovered in our planning efforts through YUKON 2000 was the strong desire of Yukoners to direct and manage their future. Yukoners recognize that we can best accomplish this by working together on our common strengths and goals.

The remaining years of this century are going to be very challenging ones for us. As we know from the events of the last month, the world economy is going through a lot of changes. Society, too, is evolving in some quite mysterious ways. Perhaps we are all looking for more certainty, more security in this environment.

The planning process that YUKON 2000 began and that our development strategy will complete will likely contribute to fulfilling this need for many of us. Whatever its future success, it will likely rest largely on the stake that we all have in it. The issue is no longer whether planning is a good or a bad thing. The issue is, who does it?

Yukoners came to the conclusion some time ago, that if we didn't do it for ourselves, in our own best interests, then the federal government, the multinationals, or someone else would do it for us. And the one thing we can be sure of, if that happens, is they would be doing it according to their priorities, not ours.

What we are doing in our region goes very much against the grain of the continental approach to development promoted by free trade advocates. For years I've joked that when a new mine opened in the Yukon, the ore went to Tokyo, the profits to Toronto, the taxes to Ottawa, and the jobs to Vancouver and Edmonton. What we got was a hole in the ground which, if the federal government gave us permission, we could use as a municipal dump. If that's free trade, then that's what we in the north **don't** want.

NOTES BIOGRAPHIQUES

TONY PENIKETT

Depuis mai 1985, M. Tony Penikett est chef de l'Assemblée législative du Yukon. En plus de ces fonctions, il agit à titre de ministre responsable des Finances, du Développement économique et de la Commission des services publics.

Avant d'entrer en politique, M. Penikett travaillait à la mine d'amiante Clinton Creek. Il est l'auteur de plusieurs téléthéâtres dont "The Mad Trapper" (BBC-TV/Time Life Film) et "La patrouille perdue" (ORTF, France). De 1975 à 1977, M. Penikett fut l'assistant de M. Ed Broadbent, chef du NPD. Il assuma également la présidence du NPD de 1981 à 1985. Élu d'abord au conseil de ville de Whitehorse en 1977, il passa ensuite à la politique fédérale en 1984, en se faisant élire comme député à l'Assemblée législative du Yukon.

GESTION DES RÉGIONS TRIBUTAIRES DE LEURS RICHESSES NATURELLES: PASSÉ ET PERSPECTIVES D'AVENIR

PATRICK G. DÉOUX

CONSEILLER EN URBANISME ET AMÉNAGEMENT DU TERRITOIRE

RÉSUMÉ

L'exploration des ressources du Québec a débuté tôt, il en fut de même de l'exploration minière. Cependant, l'intervention gouvernementale dans le Nord ne commence qu'au début des années soixante avec la Direction générale du Nouveau-Québec. Ce qui préoccupait surtout le gouvernement à cette époque, c'était la frontière Québec-Labrador.

Le projet de la Baie James voué au potentiel du développement hydro-électrique a amené la création d'organismes chargés des différents programmes. C'est alors que l'on vit apparaître la S.D.B.J. (Société de développement de la Baie James), qui avait pour mandat d'encadrer la planification du développement régional, de promouvoir des projets (mines, tourisme, télécommunications) dans certains domaines et d'assurer la gestion municipale du territoire par le biais de la Municipalité de la Baie James.

Ce qui complique les choses, selon monsieur Déoux, c'est qu'on ajoute à la S.D.B.J., la Société d'énergie de la Baie James qui est responsable de la construction des complexes hydro-électriques, et le S.A.G.M.A.I. (Secrétariat des activités gouvernementales en milieu amérindien et inuit), aujourd'hui le S.A.A. (Secrétariat aux Affaires autochtones). Il s'agit là d'un exemple de beaucoup d'organismes qui changent sans nécessairement apporter plus pour le développement nordique. De plus, on porte un intérêt aux populations autochtones, mais il y a aussi les populations blanches du Nord. D'autres provinces canadiennes, d'autres pays européens ont développé des modèles de gestion pour le Nord et non seulement pour les autochtones, mais aussi pour les Blancs.

Bref il y a trop d'intervenants dans le Nord, trop de ministères. Il est prioritaire de trouver une solution équitable à cet épineux problème et ce, pour tous ceux qui y vivent.

Il est nécessaire d'adopter des plans de gestion, de développement, de respecter l'intégrité du territoire sans se baser sur des frontières géographiques et administratives.

Le but à atteindre serait un développement du Nord compact, stable, autonome, innovateur et souple. Quel groupe pourra enfin réaliser ceci?

ABSTRACT

The exploration of Quebec's resources started early, as did mining exploration. Government intervention, in the North, however, started only at the beginning of the Sixties with the Direction générale du Nouveau-Québec. What preoccupied the government most at this period was the Québec-Labrador border.

The James Bay project, aimed at the hydroelectric development potential, resulted in the creation of agencies in charge of various programs. This is when the James Bay Development Corporation made its appearance. Its job was to manage the planning of regional development, promote projects (mines, tourism, telecommunications) in certain fields, and ensure the municipal management of the territory via the James Bay Municipality.

What complicates things, according to Mr. Déoux, is that to the J.B.D.C., has been added the James Bay Energy Corporation, which is in charge of the construction of hydroelectric complexes, and also the SAGMAI (Secretariat for governement activities in native environments), today called SAA (Secretariat for native affairs). Here is a vivid example of the many changing agencies whose evolution has not necessarily contributed much more to Northern development. Furthermore, interest has been given to the native populations, but there are also the white populations of the North.

Other Canadian provinces and European countries have developed management models for the North; not only for the natives, but also for the whites.

In short, there are too many interveners in the North; too many ministries. To find an adequate solution for this serious problem and to help those populations living there constitutes a priority.

We must give ourselves plans for management and development. We must learn to respect the integrity of the territory without depending on geographic and administrative boundaries.

The objective to be attained is a compact, stable, autonomous, innovative and supple Northern development. Which group will finally be able to achieve this?

L'exploration et la colonisation des régions ressources du Québec remontent à la fin du 18ᵉ siècle avec l'occupation du Lac-Saint-Jean et de l'Abitibi-Témiscamingue. Dès 1920, les politiques gouvernementales québécoises favorisent l'exploitation des zones minières du Nord et encouragent leur développement en réponse au taux élevé de chômage. Au cours des années cinquante, le gouvernement fédéral, quant à lui, agit comme tuteur des populations autochtones et conjugue ses efforts à ceux de la Compagnie de la baie d'Hudson et des missionnaires pour accélérer la sedentarisation de ces communautés traditionnellement nomades.

Pourtant l'intervention gouvernementale dans le Nord ne remonte qu'au début des années soixante. Avec la création de la direction générale du Nouveau-Québec, sous l'initiative du ministère des Richesses naturelles, le Québec fait ses premières armes dans le Nord. À cette époque, certains enjeux géopolitiques, telle la question de la frontière Québec-Labrador, suffisent enfin à éveiller l'intérêt du gouvernement pour ces régions. La D.G.N.Q., pour les intimes, s'est particulièrement fait remarquer par sa mission auprès des Inuit et Amérindiens du Québec.

Pendant ce temps, et depuis les années cinquante déjà, la mise en valeur des ressources minières continuait d'évoluer au gré des besoins des entreprises étrangères. Celles-ci profitaient de l'appui technique et légal du ministère des Richesses naturelles du Québec. Comme c'est encore le cas aujourd'hui, l'occupation du Nord par le biais de l'exploitation de ses richesses naturelles était laissé aux mains du secteur privé.

En 1971, il n'y a donc pas si longtemps, le gouvernement lançait le projet de la Baie James voué à l'exploitation du potentiel hydro-électrique d'un vaste territoire de 350 000 km². La Loi 50 créait alors la Société de développement de la Baie James, qui se voyait chargée du développement rationnel des ressources naturelles de ce territoire. En quelques mots, le triple mandat de la S.D.B.J. était:

- d'encadrer la planification du développement régional;

- de promouvoir des projets de développement dans divers domaines, tels les mines, le tourisme et les télécommunications;

- D'assurer la gestion municipale du territoire par le biais de la municipalité de la Baie James.

Pour compliquer les choses, le gouvernement créait simultanément la Société d'énergie de la Baie James, qui était responsable de la construction des complexes hydro-électriques. Au cours des travaux de construction du

projet, la Société d'énergie, à l'origine une filiale de la Société de développement, se rattachait peu à peu à Hydro-Québec. En 1978, elle en devint une filiale à part entière, diminuant d'autant les pouvoirs de gestion intégrée de la Société de développement qui, à toutes fins utiles, cessa ses activités en 1983. Des progénitures de la S.D.B.J., seule la municipalité de la Baie James poursuivit son mandat.

En 1978, la direction générale du Nouveau-Québec est remplacée par le S.A.G.M.A.I., soit le Secrétariat des activités gouvernementales en milieu amérindien et inuit (aujourd'hui le S.A.A., Secrétariat aux affaires autochtones). Celui-ci dépend du Conseil exécutif et a pour mandat de concevoir une politique globale reconnaissant l'affirmation des populations autochtones. Une des actions concrètes du Secrétariat est d'avoir institué, au sein de chaque ministère ou organisme public québécois, un coordonnateur des affaires autochtones. Le S.A.G.M.A.I. est aussi l'interlocuteur du gouvernement fédéral pour toutes les questions relatives aux autochtones du Québec.

Cet aperçu de l'expérience québécoise en matière d'administration nordique nous révèle que l'État a donné priorité à une intervention auprès des autochtones et s'est désintéressé, jusqu'à présent, des populations blanches du Nord. Peu d'efforts ont été faits pour favoriser le développement économique et social des régions tributaires de leurs richesses naturelles, que ce soit par voie législative ou par la mise en place d'organismes appropriés.

La création de la Société de développement de la Baie James demeure le seul effort que l'État québécois ait consenti pour l'intégration économique du Nord. Même si son champ d'action se limitait au territoire de la Baie James, cette société constituait un outil des plus prometteur pour le développement intégré du Nord. Malheureusement, la Société de développement de la Baie James n'a favorisé le Nord que par des retombées économiques très localisées et ponctuelles. Dans certains cas, le surdéveloppement spontané de plusieurs communautés a créé des problèmes jusque-là inconnus. La ville nouvelle de Radisson illustre bien ce dernier point.

Les modèles de gestion du Nord retenus dans les autres provinces canadiennes s'avèrent instructifs et indiquent qu'il y a plusieurs façons d'aborder le sujet. Ainsi, l'expérience ontarienne est particulièrement intéressante puisque cette province est dotée d'un ministère des Affaires nordiques, sous une forme ou sous une autre, depuis 1926. Ailleurs au pays, le Manitoba possède aussi un ministère dédié aux affaires nordiques, alors que la Saskatchewan et l'Alberta ont confié le développement de leurs territoires du nord à des secrétariats et organismes particuliers. En Europe, comme ce symposium nous en fait prendre conscience, la Suède, la Norvège, la Finlande, entre autres, ont développé une sensibilité tout à fait exceptionnelle aux ressources de leurs territoires et aux populations qui y résident.

Sans en faire devant vous la démonstration, il ressort que les priorités québécoises sont surtout axées sur les populations autochtones, alors que les autres provinces mettent davantage l'accent sur le développement économique et social de leurs populations blanches non autochtones.

À l'heure actuelle, la problématique du Nord québécois et de ses régions ressources limitrophes est fort complexe. Le bilan de l'action gouvernementale en matière de gestion de nos régions nordiques illustre de façon éloquente les mythes qui freinent l'occupation légitime de notre Nord. Même s'ils sont peu nombreux, les problèmes structuraux qui résultent de cette situation se ramifient et s'alimentent mutuellement pour entraver le développement économique et social du Nord.

Examinons quelques-uns de ces problèmes qui ont été identifiés notamment au cours des délibérations récentes d'un groupe de travail sous la direction du ministre Raymond Savoie, ministre délégué aux Affaires autochtones et aux Mines.

- Le premier élément de notre problématique nordique concerne la perception politique et sociale qu'ont les politiciens et gens-de-la-rue du sud du type de peuplement de nos régions ressources. Ils pensent que les grands regroupements humains sont formés uniquement des populations autochtones permanentes et des travailleurs de chantiers qui sont par définition de passage. Quelque part, entre le Nord et leSud, il existe aussi, dans l'esprit de la majorité des Québécois, une région appelée l'Abitibi avec des gens qui y exploitent des mines et des forêts: certainement pas notre prochaine destination vacances! Combien de technocrates, d'universitaires ou de chercheurs dans cette salle savent que les non-Amérindiens dans le territoire de la Baie James sont trois fois plus nombreux que les Amérindiens? Contrairement à la croyance populaire, de nombreux allochtones aiment vivre dans leNord et ne le quittent généralement qu'en raison du manque d'emploi.

- Le second élément de notre problématique est plus directement relié au type de gestion du gouvernement dans le Nord. Il s'agit de la multiplicité des intervenants gouvernementaux dans les dossiers nordiques. La liste des ministères et organismes concernés est révélatrice:

  - Affaires culturelles;
  - Affaires intergouvernementales;
  - Affaires municipales;

- Affaires sociales;
- Communications;
- Éducation;
- Énergie et Ressources;
- Environnement;
- Industrie, Commerce et Tourisme;
- Institutions financières et Coopératives;
- Justice;
- Loisir, Chasse et Pêche;
- Office de planification et de développement du Québec;
- Revenu;
- Société d'habitation du Québec;
- Transport;
- Travail, Main-d'oeuvre et Sécurité du revenu;
- Travaux publics et Approvisionnements;
- et, bien sûr, le Secrétariat aux affaires autochtones.

Cette multiplicité des intervenants, qui agissent indépendamment les uns des autres, nuit à l'efficacité des services et ne permet pas de réaliser les économies d'échelle si importantes dans un milieu aussi vaste. D'autre part, les services gouvernementaux, municipaux et communautaires ne sont souvent pas adaptés au milieu nordique. Les normes techniques, les objectifs visés et les conditions d'éligibilité sont souvent inapplicables. La localisation des services gouvernementaux s'inspire de ce qui se fait dans les régions du Sud, sans tenir compte de l'isolement des communautés nordiques.

• En troisième lieu, le rapport Savoie identifie l'absence chronique de continuité dans la négociation avec les autochtones. En effet, les autochtones, appuyés par les mêmes conseillers juridiques depuis des années, remettent en question plusieurs points de la convention de la Baie James et du Nord québécois, signée il y a dix ans. Les négociateurs gouvernementaux, par contre, sont trop souvent remplacés, ce qui ne leur permet pas un suivi cohérent des ententes préalables. Cette situation rend difficile la protection des droits acquis des Québécois. Ce problème découle du manque d'intérêt de l'État pour l'occupation planifiée du territoire nordique et pour l'exploitation judicieuse de ses richesses naturelles.

• Le quatrième point de la problématique globale du Nord m'apparaît fondamental. Les régions tributaires de leurs richesses naturelles, plus que toute autre région au Québec, doivent appuyer leur avenir économique et social sur un plan de développement stratégique à long terme. Sous la présente forme d'administration, il est physiquement et politiquement impossible pour ces régions de miser sur la réalisation éventuelle d'un tel plan. Encore aujourd'hui, comme dans les années cinquante, l'épanouissement du Nord des Blancs passe nécessairement par la bonne volonté de l'entreprise privée locale et étrangère. Avec tout le respect dû à ces entreprises, qui alternativement prospèrent et survivent dans ces régions, le Nord québécois n'est encore qu'un lieu d'exploitation, avec tout ce que cette notion comporte de péjoratif.

• Enfin, en dernier lieu, l'intégrité du territoire nordique québécois est menacée sur plusieurs fronts. À titre d'exemple, le Québec ne reconnaît toujours pas le tracé de la frontière Québec-Labrador déterminé en 1927 et les limites septentrionales du territoire nordique sont encore très imprécises malgré les enjeux impliqués. Notons particulièrement l'accessibilité à plusieurs zones susceptibles de renfermer des hydrocarbures et des gisements miniers au large des rives québécoises dans les baies d'Hudson et d'Ungava.

En réponse à ce bilan de la problématique de l'administration du territoire nordique et des régions de ressources du Québec, le rapport Savoie est extrêmement clair. Les politiques administratives et économiques existantes ne peuvent pas garantir une gestion adéquate et pro-active de ces régions. Le rapport va aussi loin que d'affirmer que le Nord a un pressant besoin d'une structure administrative faite sur mesure. Audacieusement, le rapport soumet enfin trois options de structures administratives laissées à la considération des intervenants (vous) du développement et de l'occupation du Nord. Ces options sont:

- un secrétariat de type S.A.G.M.A.I. rattaché à un ministère;

- une société d'État vouée au développement;

- un ministère du Nord.

Tournons maintenant notre attention vers les perspectives d'avenir et les modalités d'occupation d'un Nord qui se développerait sans nécessairement se faire exploiter, une condition essentielle à l'atteinte de cet objectif est celle de l'engagement moral et financier du gouvernement dans le dossier nordique: rien de moins qu'une volonté politique claire, nette et précise.

Une seconde condition est la création, dans les plus brefs délais, d'une "unité de commandement" telle que l'a baptisée le rapport Savoie, afin de rationaliser le développement du Nord. Cet organisme devra être adapté aux besoins et aux aspirations des communautés qu'il desservira. Idéalement, il serait:

- compact;

- stable: afin de garantir la continuité dans le temps des efforts de négociation, de recherche ou de développement d'activités économiques;

- dynamique: afin de favoriser l'entrepreneurship;

- décentralisé: implanté dans le milieu, près des populations;

- autonome: peut-être possède-t-il même sa propre loi;

- innovateur: impliqué dans la recherche et le développement;

- souple: capable de s'adapter rapidement aux situations.

Ce n'est qu'à travers l'engagement de nos dirigeants gouvernementaux que cet outil de développement verra le jour, mais ce n'est pas suffisant. Certains principes fondamentaux devront être respectés. Notamment:

• La raison d'être de cet organisme serait de promouvoir le développement social et économique des populations non amérindiennes. Par le passé des millions de dollars ont été investis dans des études reliées aux sciences naturelles, alors que très peu de recherches ont été faites dans le domaine des conditions économiques et sociales dans le Nord. Une répartition juste et équitable des ressources humaines, financières et logistiques des différents ministères impliqués dans les régions nordiques du Québec serait assurée par un tel organisme. Les dirigeants de cet organisme seraient cependant suffisamment près de leur milieu pour respecter les objectifs de l'établissement d'un partenariat multi-ethnique.

• Le Nord doit être développé par les résidents du Nord et jusqu'à un certain point pour le Nord. Un tel organisme emploierait donc la population locale et encouragerait l'entrepreneurship local.

• La notion des limites géographiques du Nord n'est pas toujours très précise. Certains parlent du grand Nord, d'autres de l'Abitibi, d'autres, enfin, du Territoire de la Baie James. Pour moi, le Nord se compose surtout des régions ressources. Notre organisme devrait donc garantir l'intégrité des régions qui possèdent une problématique commune, telle que nous l'avons décrite précédemment, et qui sont tributaires de leurs richesses naturelles. Notre juridiction ne serait donc pas nécessairement limitée par des frontières géographiques ou administratives et pourrait, à la limite, être modifisée au gré des besoins et des événements.

- Enfin, il faut que cet organisme soit capable de dégager une vision globale de l'avenir pour le Nord et qu'il puisse mettre en place et coordonner les mécanismes de réalisation de cette vision. Pour ce faire, il devrait être responsable de l'élaboration d'une stratégie de développement à long terme pour les territoires sous sa responsabilité. Cela signifie:

- l'identification des préoccupations clés des populations et des industries sous sa juridiction;

- l'élaboration d'une stratégie d'occupation des territoires et d'un plan de développement des activités économiques.

- l'identification des avenues privilégiées de la recherche et la garantie de l'exécution de cette recherche, dont la coordination et la canalisation devrait être déléguée aux acteurs locaux de préférence.

Élaborer une stratégie de développement signifie aussi:

- la mise en oeuvre des résultats de la recherche;

- l'évaluation des efforts de recherche et de développement et la révision périodique de la stratégie.

Ces quelques principes sont, d'après moi, à la base d'un succès assuré.

Pour terminer, permettez-moi de vous faire part de mes préférences au sujet d'une structure administrative pour le Nord.

J'aimerais un ministère du Nord mais je crois que cette solution est politiquement utopique. Les pouvoirs de gestion étant présentement éparpillés au sein de chacun des ministères, il serait difficile, compte tenu de la réalité politique, de les regrouper sous une même autorité.

Je ne peux pas appuyer non plus l'octroi des responsabilités dont on vient de parler à un secrétariat puisque le S.A.G.M.A.I. serait rapidement identifié au modèle choisi. Ses allégeances à la cause des autochtones et sa profonde expérience acquise dans ce milieu ne lui permettraient pas de pro-

mouvoir les intérêts des Blancs. Je crois que l'existence de deux organismes distincts favoriserait un meilleur équilibre des forces en jeu dans les régions nordiques.

Je supporte fortement, par contre, la structure d'une société d'État, une S.D.B.J., revitalisée à la lumière de notre expérience et des grands principes qui viennent d'être énoncés, et crois qu'elle serait un véhicule idéal de développement du Nord.

NOTES BIOGRAPHIQUES

PATRICK G. DÉOUX

Diplômé des universités McGill et de Montréal en géographie et urbanisme, Patrick Déoux est actuellement conseiller en urbanisme et en aménagement du territoire, à titre privé. En 1986-1987, il fait partie d'un groupe de travail mis sur pied par le S.A.G.M.A.I. pour la rédaction d'un mémoire au Premier ministre exposant les motifs de la création d'une structure administrative nouvelle pour le Nord du Québec.

En 1985-1986, il est responsable du bureau de Montréal pour le groupe d'ingénieurs conseils Roche Urbanex.

De 1976 à 1986, il travaille successivement pour la Société de développement de la Baie James, la municipalité de la Baie James et en pratique privée. Parmi ses nombreuses réalisations, mentionnons qu'il est co-auteur du *Rapport d'étude sur l'avenir de Radisson,* qu'il a réalisé le document *Stratégie d'occupation du territoire de la Baie James: Énoncé d'une politique globale,* et qu'il a été responsable de la conception méthodologique et de la coordination technique du devis d'étude du schéma d'aménagement du territoire de la Baie James.

Monsieur Déoux est délégué au Conseil national de l'Institut canadien des urbanistes depuis 1984 et est vice-président de la Corporation professionnelle des urbanistes du Québec.

LA CONVENTION DE LA BAIE JAMES ET DU NORD QUÉBÉCOIS ET LE DÉVELOPPEMENT NORDIQUE–RÉALITÉS ET PERSPECTIVES D'AVENIR

DAVID CLICHE

CONSEILLER EN CHEF
CONVENTION DE LA BAIE JAMES
ET DU NORD QUÉBÉCOIS
GOUVERNEMENT DU CANADA

RÉSUMÉ

La Convention de la Baie James et du Nord québécois, signée en 1975, donne des droits spécifiques aux autochtones du territoire en échange de leurs droits aborigènes à leurs terres ancestrales, mais il manque à ce document un plan et des mécanismes conjoints de mise en oeuvre des termes de cette entente. C'est précisément sur un plan de mise en oeuvre de la Convention de la Baie James qu'un groupe de spécialistes, dont fait partie monsieur Cliche, travaille depuis juin 1986.

Bien que ce plan de mise en oeuvre ne sera présenté qu'en 1988, monsieur Cliche considère que les grands objectifs de la Convention sont atteints de façon satisfaisante, tout au moins en ce qui concerne les services promis aux communautés autochtones. Selon monsieur Cliche, les Cris sont fiers de montrer aux visiteurs les dispensaires, les écoles et les maisons qu'ils ont acquis depuis les accords de la Baie James et il ne faut pas croire les déclarations amères de leurs dirigeants qui prétendent que l'entente de la Baie James est une mésentente.

Il admet toutefois que le défi du développement économique du territoire de la Baie James reste entier. Après le boom de la construction qui en est à ses derniers soubresauts, il faudra s'attaquer à l'aspect le plus difficile du développement économique qui devra nécessairement être relié au secteur secondaire et tertiaire. Le potentiel est énorme quand on pense aux projets miniers qui se dessinent dans ce secteur, aux possibilités d'exploitation du plus gros troupeau de caribous au monde, aux attraits particulièrement exotiques du tourisme dans cette région nordique et à tant d'autres promesses insoupçonnées jusqu'à maintenant.

Monsieur Cliche a tenu à mettre en lumière la participation financière du gouvernement fédéral à la mise en oeuvre de la Convention de la Baie James. Si le gouvernement québécois est le maître d'oeuvre de la Convention, le gouvernement *canadien y injecte des sommes importantes, a-t-il dit, et doit être considéré comme le grand argentier de ces réalisations.*

Monsieur Cliche a terminé sa conférence en exprimant sa conviction que les discours agressifs des dirigeants autochtones sont en fait des appels aux gens d'affaires de l'Abitibi-Témiscamingue à qui ils demandent de se lancer avec eux dans le développement économique du territoire de la Baie James.

ABSTRACT

The James Bay and Northern Quebec Agreement, signed in 1975, gives the natives of the territory specific rights in exchange for the aboriginal rights to their ancestral lands. This document, however, does not include a plan and joint implementation scheme of the terms of this agreement. It is precisely on an implementation plan of the James Bay Agreement that a group of specialists has been working since June 1986. Mr. Cliche is a member of this team of specialists.

Even though this implementation scheme will only be presented in 1988, Mr. Cliche considers that the main objectives of the agreement have been reached in a satisfactory manner with regards to the services promised to the native communities. According to Mr. Cliche, the Crees are proud to show visitors the dispensaries, schools and houses they have acquired since the James Bay accords. We must not believe the bitter declarations of their leaders who have claimed that the James Bay Agreement was a misunderstanding.

He admits, however, that the whole challenge of the economic development of the James Bay Territory remains untouched. After the construction boom, which is in its last active moments, we will have to become involved in the most difficult aspect of economic development which will necessarily have to be linked with the secondary and tertiary sectors. The potential is important when we evoke the mining project appearing in this sector, the exploitation possibilities of the biggest herd of caribou in the world, the particularly exotic attractions of tourism in this nordic region, and to so many, for now unknown promises.

Mr. Cliche wished to highlight the federal government's financial participation to the implementation of the James Bay Agreement. "If the Government of Quebec is the instigator of the Agreement, the Canadian Government has injected important sums in it and must be considered as the main treasurer of these undertakings."

Mr. Cliche ended his conference by expressing his belief that the aggressive discourses of the native leaders are in fact a call to the business people of Abitibi-Témiscamingue to whom they are asking their involvement as partners in the economic development of the James Bay Territory.

J'aborderai trois grands thèmes. Premièrement, la mise en oeuvre de la Convention de la Baie James et du Nord québécois (CBJNQ). Deuxièmement, les impacts de la Convention sur le développement éco-nomique du Nord québécois et l'implication du Canada dans ce développement. Finalement, je dégagerai ce que je crois être les perspectives d'avenir et les défis qui se posent à nous qui visons le même objectif: développer le nord du Québec.

J'exécute présentement pour le compte du Canada un contrat en vertu duquel j'effectue l'analyse de la mise en oeuvre de la Convention. En juin 1986, le gouvernement du Canada mit en place un processus visant à la mise en oeuvre définitive de toutes les dispositions de la Convention. L'analyse détaillée que nous avons effectuée avec tous les ministères concernés démontre que la très grande majorité des obligations du Canada sont déjà remplies. Au début de l'année 1988, nous présenterons au gouvernement du Canada un plan d'action par lequel le Canada s'assurera de remplir toutes ses obligations contenues dans cette entente historique.

Signée en 1975 par le Canada, le Québec, l'Hydro-Québec, la Société de développement de la Baie James (SDBJ), la Société de l'énergie de la Baie James (SEBJ), les Cris et les Inuit, la Convention de la Baie James et du Nord québécois régit un territoire de plus de un million de kilomètres carrés.

La Convention est un contrat par lequel les autochtones bénéficiaires ont échangé leurs titres aborigènes des terres pour des droits spécifiques. Sur plus de 14 000 km² de terres de Catégorie I, les autochtones ont des droits de propriétaires. Sur plus de 150 000 km² de Catégorie II, ils ont les droits exclusifs de récolte de la faune. Le reste est du domaine public.

Les activités traditionnelles d'exploitation de la faune sont non seule-ment protégées par la Convention mais elles sont aussi encouragées par des programmes de sécurité du revenu relatifs aux chasseurs. Tout nouveau développement dans le territoire doit être soumis à des régimes qui assurent la protection de l'environnement.

Tous ces droits reconnus aux autochtones visaient essentiellement à assurer la survie de leur mode de vie traditionnel et la dignité de ceux qui en dépendent. Environ quarante pour cent des Cris sont toujours des chasseurs à temps plein.

Les autres droits reconnus aux 17 000 bénéficiaires visent leur pleine participation au développement du Nord québécois.

Cependant, quand l'ensemble des individus d'une collectivité vit dans des conditions matérielles (logement, services essentiels, etc.) inadéquates, il est utopique de leur parler de développement économique. C'est à partir de cette réalité que les gouvernements du Canada et du Québec ont reconnu aux bénéficiaires le droit de recevoir des services adéquats d'éducation, de santé, d'habitation et des services municipaux. La grande amélioration de tous ces services au cours des dernières années est l'élément le plus frappant de la mise en oeuvre de la Convention. Il est important de noter que ce sont les organismes gérés et contrôlés par les bénéficiaires qui ont mis en place lesdits services. Quelques chiffres sont éloquents: plus de 1 000 nouvelles maisons construites chez les Cris, plus de 600 chez les Inuit. Presque toutes les maisons cries sont maintenant reliées aux services municipaux alors qu'aucune ne l'était à la signature de la Convention. Les dispensaires de santé des 14 communautés inuit ont été rénovés ou rebâtis. De plus, deux hôpitaux y ont été érigés. On assiste au même phénomène chez les Cris: les dispensaires des huit communautés ont été modernisés et un nouvel hôpital a été construit. Les deux commissions scolaires autochtones achèvent la construction d'une école dans chacun des vingt-deux villages du Nord québécois.

Que l'on me comprenne bien! Je ne cite pas ces chiffres pour jeter de la poudre aux yeux ou impressionner la galerie mais bien pour démontrer que la mise en oeuvre de la Convention a complètement changé l'aspect physique des communautés et en ce sens, qu'elle est un succès.

Avec beaucoup d'entre vous, je participais il y a deux ans au colloque du 10e anniversaire de la signature de la Convention. Lors de la conférence de presse finale tenue par les représentants des autochtones, ceux-ci qualifièrent l'entente de la Baie James de mésentente. Cette affirmation revient à intervalles réguliers et comme une vieille rengaine. C'est au contraire avec fierté que les chefs cris et les maires inuit font visiter leur communauté: "Voici ma nouvelle école par ci, mon nouveau dispensaire par là, mon nouvel aréna, mes nouvelles maisons…". Ils sont très fiers et ils ont raison. La dualité des discours ne trompe personne. Le discours officiel des représentants et des consultants des autochtones vise à garder les gouvernements sur la défensive et à perpétuer le sentiment de culpabilité qui les habite malheureusement encore. L'entente de la Baie James n'est pas que mésentente. Sa mise en oeuvre est en grande partie complétée et elle a entraîné des réalisations importantes. Une visite dans le Nord guidée par les autochtones eux-mêmes vous en convaincrait.

La mise en oeuvre de la Convention ne s'est pas toujours effectuée facilement et son achèvement relatif donne lieu à diverses interprétations, ce qui est normal pour plusieurs raisons. Alors que la majorité des obligations gouvernementales sont bipartites, la Convention ne reconnaît aucun mécanisme global de coordination entre les deux gouvernements. La Convention ne contient aucun échéancier quant à la poursuite des objectifs ou à la réalisation des ouvrages qui sont pour la plupart mal définis. Elle ne prévoit aucun mécanisme qui puisse résoudre les différends entre les parties et voir à sa mise en oeuvre conjointe. En fait, on a omis d'y inclure ce qui devrait être son trente-deuxième chapitre, un chapitre concernant un plan et un mécanisme conjoint de mise en oeuvre.

La CBJNQ est le premier traité moderne entre gouvernements et nations autochtones. Elle a donné naissance à la première législation canadienne d'autonomie gouvernementale. Les Cris du Québec ont été le premier groupe indien à vraiment contrôler ses institutions et à ne plus être régi par l'archaïque et colonialiste Loi sur les Indiens. Pour les Inuit, la Convention a créé une structure régionale que l'on disait à ce moment-là révolutionnaire. Tous les résidents inuit et non autochtones du nord du 55e parallèle ont les mêmes droits, et ils ont les mêmes devoirs envers le gouvernement régional qui est non ethnique.

En plus de ces changements apportés à l'organisation régionale, la mise en oeuvre de la Convention à ce jour a complètement changé l'aspect physique des communautés autochtones, qui ont maintenant des services adéquats. Elle a aussi donné aux bénéficiaires certains outils nécessaires à une participation au développement économique régional. Au-delà du succès indéniable de cet aspect de la mise en oeuvre de la Convention, force est d'admettre que le véritable défi de développer économiquement le Nord québécois demeure entier. Le boom de l'emploi relié à la construction des nouvelles communautés s'achève. Encore quelques constructions et cette première étape de développement sera réalisée. Il nous faut passer à une autre étape plus difficile où le développement économique continu sera relié aux secteurs secondaire et tertiaire.

Voyons maintenant comment la Convention a influencé le développement du Nord québécois.

Quelle serait l'apparence du Nord québecois si la Convention n'avait pas existé? Est-ce que les communautés autochtones se seraient développées au même rythme? Est-ce que les populations autochtones auraient la même force et le même potentiel de développement économique? Pensez-vous que le ciel serait sillonné des avions de Air Inuit et de Air Creebec? Je pense que non. La Convention a précipité le développement d'odre matériel des communautés, qui aurait été normalement réparti sur un plus grand nombre d'années, et elle a engendré la création de divers organismes qui participent depuis peu au développement économique de la région.

Au nord du 55ᵉ parallèle, la Convention a ainsi créé plusieurs organismes qui participent au développement économique; l'Administration régionale Kativik, la Société Makivik, le Conseil régional de développement Kativik, la Commission scolaire Kativik. De plus, il y a la Fédération des coopératives du Nouveau-Québec, qui existe depuis 20 ans. Tous ces organismes ont donné naissance à d'autres intervenants: le KRETC (Kativik Regional Employment and Training Committee) et Iliqvik. Un véritable fouillis où chacun dit détenir la responsabilité du développement économique. Que ce soit Kativik, Makivik ou la Fédération des coopératives qui présente un projet de développement économique, ce projet sera immanquablement contesté par les autres intervenants.

Au sud du 55ᵉ parallèle, les Cris ont voulu garder le caractère ethnique de leurs organismes de développement.

Les Cris ont toujours voulu conserver une représentativité ethnique et monolithique. Même si plusieurs organismes ont des vocations parallèles, ils sont souvent menés par un même individu qui porte ainsi plusieurs titres.

Chez les Cris, les principaux acteurs en développement économique sont le Bureau d'indemnité, la SODAB (Société de Développement des Autochtones de la Baie James) et la nouvelle Société Eeyou. La Société Eeyou et le Bureau d'indemnité gèrent des fonds de développement de plus de 200 millions de dollars.

Malgré le caractère monolothique des structures cries, il y a des tiraillements tout à fait normaux entre elles, et les entrepreneurs locaux s'accommodent mal des bureaucraties. Une bureaucratie demeure une bureaucratie, qu'elle soit à Val d'Or, à Montréal ou à Chisasibi.

Parlons maintenant brièvement de l'implication du Canada, mon client actuel, dans le développement du Nord québécois. La Convention de la Baie James a pratiquement sonné le glas de la présence du gouvernement canadien dans le Nord québécois. Comme monsieur John Ciaccia l'exprimait clairement à l'Assemblée nationale du Québec en novembre 1975, la Convention a permis au Québec d'accomplir deux grandes tâches qu'il s'était assignées: remplir ses obligations à l'égard des populations qui habitent le Nord et y affirmer sa présence.

Première constatation, le fleurdelisé a remplacé l'unifolié au nord du 55ᵉ parallèle. Les interventions directes du Canada y sont rares et la grande majorité de ses interventions passent par des ententes avec le Québec qui en est le maître d'oeuvre visible. Peu d'Inuit savent que le Canada paie 75 % des maisons construites par la Société d'habitation du Québec et 60 % des pistes construites par Transport Québec.

Au sud de ce parallèle, dans les communautés cries, l'unifolié et le fleurdelisé alternent, au gré des humeurs politiques des chefs. Les interventions directes du Canada y sont aussi très limitées car la politique canadienne d'autonomie gouvernementale favorise le transfert en bloc des budgets aux organismes cris.

Malgré ce peu de visibilité, le Canada affecte d'importantes ressources financières au développement du Nord québécois. Selon les données que j'ai pu obtenir des ministères fédéraux, le Canada a dépensé plus de 100 millions en 1986-1987 pour le maintien et le développement des communautés autochtones du Nord québécois, principalement dans les secteurs de l'habitation, de l'éducation, des transports et des services municipaux. Au chapitre du développement économique, la mise en oeuvre des programmes fédéraux existants a permis d'injecter près de huit millions dans le Nord québécois en 1986-1987. Il y a cependant des difficultés au niveau de la mise en oeuvre des programmes. Il y a trop d'intervenants et trop de programmes. Il y 12 intervenants du côté du Canada au Comité de concertation des projets inuit et cris. Les activités des ministères chevauchent. Les fonctionnaires doivent arbitrer les organismes autochtones et prendre des décisions qui devraient plutôt être du ressort de ces derniers. Les critères d'acceptation des programmes ne correspondent pas toujours aux réalités du Nord.

Ces difficultés d'adaptation des programmes fédéraux de développement amènent trop souvent les autochtones à blâmer le Canada pour toute contre-performance d'un projet de développement économique. Et c'est là un problème de fond. Les gouvernements sont tenus responsables du développement du Nord. Les gens du milieu nordique devront accepter que le gouvernement peut seulement soutenir le développement régional qui repose avant tout sur l'entrepreneurship local et régional.

Finalement, j'aborde la dernière partie de mon exposé qui concerne les perspectives d'avenir du développement du Nord québécois.

Ne nous leurrons pas. Le défi est énorme. Développer le secteur secondaire dans le Nord québécois, est-ce possible? Je crois que oui mais la géographie et le transport demeureront toujours contraignants. L'an dernier, pour la première fois de l'histoire du Nord québécois, un produit manufacturé a été expédié vers les marchés du sud du Canada. Le canot de mer produit à Waskaganish a ainsi représenté un précédent qui devra être imité.

Il y a un potentiel de développement économique au Nord. Il faut que ce potentiel soit développé pour relever le défi actuel du nord qui se résume comme suit: faire travailler ces jeunes qui arrivent sur le marché du travail avec des diplômes. Il est de taille car plus de la moitié de la population a moins de vingt ans. Voici ce potentiel tel que je le vois:

- la prise en charge par les gens du Nord de tous les emplois dans les services d'éducation de santé et les services para-gouvernementaux;

- l'exploitation du plus gros troupeau de caribous du monde;

- la prise en charge des emplois reliés à l'exploitation du complexe hydro-électrique La Grande;

- la mise en place d'infrastructures et de services touristiques afin de répondre à la recherche croissante d'exotisme;

- la participation aux projets miniers qui renaîtront éventuellement dans la fosse du Labrador;

- le développement d'une expertise sylvicole;

- le développement de co-entreprises afin de favoriser le transfert de technologie et créer des emplois dans le secteur secondaire, comme ce fut le cas récemment avec les canots de Waskaganish.

Quel rôle le Canada peut-il jouer dans ce développement? Les chapitres de la Convention qui concernent le développement économique chez les Cris et les Inuit contiennent des objectifs très généraux. Les engagements des deux gouvernements contiennent toujours les expressions suivantes: "dans les limites des services et possibilités existants, sous réserve des directives ministérielles existantes, sous réserve des critères établis de temps à autre etc." Mais l'esprit de ces deux chapitres est cependant indéniable: les deux gouvernements se sont engagés à aider le développe-ment économique des autochtones du territoire.

Quels devraient être les objectifs du Canada en matière de développement du Nord québécois? Les mêmes que ceux qui prévalent dans les Territoires du Nord-Ouest et du Yukon. Premièrement, rendre les gens du Nord responsables de leur développement économique. Deuxièmement, leur donner les outils nécessaires afin qu'ils assument pleinement cette responsabilité. Troisièmement, laisser les gens du milieu adapter et modifier ces outils selon leurs propres besoins.

La mise en oeuvre de ces objectifs est en accord avec la politique du gouvernement du Canada, qui s'est engagé à promouvoir l'autonomie gouvernementale des autochtones du Canada. Comme le déclarait le ministre des Affaires indiennes et du Nord canadien, le 30 septembre dernier à Québec:

> *L'autonomie gouvernementale signifie redonner aux Canadiens autochtones des pouvoirs considérablement plus grands afin de leur permettre de prendre en main leurs affaires et leur vie. Cela signifie donner aux bandes et aux collectivités autochtones l'autorité pour établir leurs priorités, mettre en oeuvre leurs propres programmes économiques, sociaux et culturels et les administrer conformément à leurs désirs et leurs besoins.*

Un transfert de ces responsabilités vers des organismes du milieu constitue pour le Canada la meilleure façon dont il puisse remplir ses obligations.

Le risque de créer des bureaucraties régionales qui ne répondent pas aux besoins des communautés existe. C'est aux communautés et à leurs organismes régionaux de contrer ce risque et de définir des politiques d'intervention. Ce débat doit être le leur et il s'inscrit dans une démarche normale de prise en charge.

Le véritable défi de développer le Nord n'est plus le mien car je n'en suis plus un résidant. C'est à vous, gens du Nord, de développer votre pays. Vous possédez maintenant les outils nécessaires. Le gouvernement du Canada s'est engagé à vous transférer le contrôle de ses programmes de développement économique afin que vous les adaptiez à vos besoins. Nous avons confiance en vous. Le pays a besoin de vous pour développer sa nordicité. Bon travail. Nous sommes de tout coeur avec vous.

NOTES BIOGRAPHIQUES

DAVID CLICHE

David Cliche détient un baccalauréat ès sciences en géologie du Quaternaire de l'Université de Montréal ainsi qu'une maîtrise en aménagement de la même Université.

De 1978 à 1980, il assure la liaison entre le gouvernement du Québec et les Autochtones du Nord québécois à titre de représentant du Secrétariat des activités gouvernementales en milieu amérindien et inuit (S.A.G.M.A.I.). De 1980 à 1983, il est le principal coordonnateur des négociations entre le Grand conseil des Cris du Québec, Hydro-Québec et la Société d'énergie de la Baie James. Sa tâche consiste à coordonner le travail préparatoire et la représentation à la table des négociations du Grand conseil des Cris. En 1983-1984, à titre d'attaché politique pour le Grand conseil des Cris, il représente ces derniers auprès du gouvernement du Québec et participe à l'examen de la mise en oeuvre de la Convention de la Baie James et du Nord Québécois.

De 1984 à 1986, il a été président du groupe Ecotone, Consultants en environnement inc. Finalement, depuis 1986, David Cliche est conseiller en chef au gouvernement du Canada pour la mise en oeuvre de la C.B.J.N.Q. Monsieur Cliche est chargé d'analyser les obligations du gouvernement du Canada concernant neuf ministères et trois organismes centraux et de le conseiller sur la mise en oeuvre de la C.B.J.N.Q.

CHAPITRE IV

LES PERSPECTIVES D'AVENIR DU NORD QUÉBÉCOIS

HYDRO-QUÉBEC:
LA RÉSIDENTE NORDIQUE

CLAUDE BOIVIN

VICE-PRÉSIDENT EXÉCUTIF
EXPLOITATION
HYDRO-QUÉBEC

RÉSUMÉ

Hydro-Québec est un agent de développement important du Nord québécois. L'aménagement des centrales LG2, LG3 et LG4 a permis de combler les besoins en électricité de la communauté québécoise. L'exploitation de ces ouvrages est assurée par la région La Grande. Les employés qui y sont affectés travaillent selon un horaire comprimé et sont transportés par avion des centres urbains de l'Abitibi et du Saguenay-Lac-Saint-Jean. Hydro-Québec assure aussi l'alimentation en électricité des villages isolés du Nord québécois et de la Basse Côte-Nord. Le développement de la région nordique a permis de conclure des conventions importantes entre les Cris, les Inuit, les gouvernements et les développeurs. Ces conventions protègent le mode de vie traditionnel des autochtones tout en favorisant leur développement économique. D'ici 1996, un programme de formation et d'embauche régional permettra de combler 150 postes spécialisés par la main-d'oeuvre crie. Hydro-Québec souhaite toujours contribuer au développement de la région nordique dans le respect des populations locales et de l'environnement.

ABSTRACT

Hydro-Québec is an important development agent of Northern Québec. The construction of the LG-2, LG-3 and LG-4 power houses has allowed us to meet the energy demands of the Québec community. The management of these undertakings is ensured by the La Grande region. This group of employees work according to a compressed schedule and are transported by plane from the urban centres of Abitibi and Saguenay-Lac-Saint-Jean. Hydro-Québec also ensures the electricity for the isolated villages of Northern Québec and the Lower North Shore. The development of the nordic region has allowed us to come to important agreements between the Crees, the Inuit, the governments and the developers. These agreements protect the traditional lifestyle of the natives and at the same time favor their economic development. From now until 1996, a regional training and employment program will permit the filling of 150 specialized jobs with Cree personnel. Hydro-Québec wishes to continue with its contribution to the development of the nordic region with respect to the local populations and the environment.

LE DÉVELOPPEMENT DES RESSOURCES HYDRO-ÉLECTRIQUES ET L'OUVERTURE DU NORD QUÉBÉCOIS

Le potentiel hydro-électrique considérable du nord du Québec assure l'approvisionnement de la communauté québécoise en électricité. Le caractère permanent de ses installations font d'Hydro-Québec un agent de développement économique important du Nord québécois. À ce titre, Hydro-Québec entretient des rapports privilégiés avec les communautés locales.

Dans les années 1970, la réalisation et la mise en service de la phase I du complexe La Grande a modifié considérablement le rôle de toute la région nord-ouest du Québec dans l'économie du Québec. L'aménagement des trois centrales LG2, LG3 et LG4 réalisé dans la décennie 1974-1984 a permis de combler la plus grande partie des besoins additionnels d'énergie électrique du Québec des années 80.

Le complexe La Grande, c'est 10 282 mégawatts, et cette production est acheminée de ces centrales vers les centres de consommation par un réseau de cinq lignes de transport à 735 000 volts. À ce jour la puissance installée du complexe La Grande représente 42% du parc d'Hydro-Québec.

Les travaux de la phase I du complexe La Grande ont en outre ouvert une très grande superficie du territoire de la province de Québec qui n'était accessible jusqu'alors que par avion et hélicoptère. La construction des routes principales et secondaires ainsi que de tous les autres chemins requis a contribué au développement de l'exploitation forestière dans la partie sud du territoire de la Baie James et de l'exploration minière dans la même région.

Les travaux d'Hydro-Québec et de la SEBJ sur ce territoire ont eu des retombées économiques à travers tout le Québec: en effet, des milliers de travailleurs de la construction sont venus des différentes régions de la province et la plus grande partie de l'équipement nécessaire a été fabriqué au Québec. L'ensemble des travaux, y compris les lignes du réseau de transport de la Baie James, ont coûté près de 14 milliards de dollars.

LA PHASE EXPLOITATION

Au cours des dernières années, Hydro-Québec est devenue un employeur dans la région. La fusion des régions Abitibi et Baie James pour constituer la région La Grande a mobilisé une équipe de près de 1 200 employés (1 163) dont le travail en regard de l'exploitation des ouvrages de production est primordial tant pour l'entreprise que pour ses 2,8 millions de clients.

Hydro-Québec a adopté, quant à sa main-d'oeuvre, une politique de régionalisation, favorisant le recrutement des ressources humaines requises pour la région La Grande dans les principaux centres urbains de l'Abitibi-Témiscamingue et du Saguenay-Lac-Saint-Jean.

L'exploitation des équipements du complexe La Grande requiert une main-d'oeuvre spécialisée de quelque 500 employé(e)s.

Quant à ce personnel, les expériences vécues en regard d'autres centrales en milieu éloigné ont démontré que l'installation des familles dans le voisinage des centrales, en plus d'exiger des infrastructures et des services très coûteux, crée des problèmes d'intégration au milieu aussi onéreux. Hydro-Québec juge donc maintenant préférable de transporter par avion ses employé(e)s des centres urbains de l'Abitibi ou du Lac-Saint-Jean vers les sites de ses installations selon un horaire de travail comprimé, constitué de 8 jours de travail de 10 heures suivi de 6 jours de congé dans le milieu d'origine.

Hydro-Québec exploite aussi sur le territoire nordique des centrales diesels qui assurent l'alimentation en électricité de tous les villages inuit du Nord québécois et des localités de pêcheurs de la Basse Côte-Nord. L'installation d'une nouvelle éolienne à Kuujjuak permettra d'étudier la possibilité de diversifier, dans ces communautés non reliées au réseau principal d'Hydro-Québec, les sources de production d'électricité.

Hydro-Québec a formé dans les communautés concernées une main-d'oeuvre locale responsable de l'exploitation des équipements et de certains travaux d'entretien ou de construction. Le support technique est assuré par des techniciens et ingénieurs d'Hydro-Québec qui se déplacent de la ville de Québec vers ces régions selon des horaires définis et les besoins.

L'Hydro-Québec de La Grande contribue directement à l'activité économique de toute la région. Au cours des deux dernières années, la région La Grande a totalisé près de 15 millions de dollars d'achats auprès des fournisseurs de la région, soit plus de 40 % de tous les achats effectués à partir du siège régional. La région a de plus versé 55 millions de dollars en salaires à ses employés en 1987 et octroyé aux entreprises de la région des contrats de travaux et de services d'une valeur de plus de 10 millions de dollars au cours des deux dernières années.

EXPLOITATION ET COMMUNAUTÉS AUTOCHTONES

Les activités de l'Hydro-Québec dans les territoires nordiques ont suscité maintes discussions avec les populations amérindienne et inuit.

Le développement de la région nordique a permis de conclure des conventions importantes entre les Cris, les Inuit, les gouvernements et les développeurs. Vous connaissez tous, bien sûr, la Convention de la Baie James et du Nord québécois, conclue en 1975. Cette entente a permis le développement et l'exploitation des ressources du territoire tout en préservant les droits des populations autochtones et en leur assurant des avantages.

La Convention La Grande 1986 conclue en novembre 1986 entre Hydro-Québec, la S.E.B.J. et les Cris de la Baie James a permis la réalisation des centrales LG2A, LG1 (1986), Brisay ainsi que celle de la portion nord du projet de ligne et poste Radisson-Nicolet-Des Cantons, tout en protégeant le mode de vie des Cris et en favorisant leur développement économique.

Cette entente assurera l'alimentation électrique des villages de la côte de la Baie James. Sur huit villages cris, quatre sont actuellement reliés au réseau électrique provincial. Le village d'Eastmain le sera au cours de l'année 1989 et suivront, les villages de Waskaganish et Wemindji.

La Convention La Grande 1986 prévoit de plus un programme de formation et d'embauche régional visant à combler, d'ici 1996, 150 postes spécialisés par de la main-d'oeuvre crie. Hydro-Québec collaborera avec le ministère de l'Éducation, la Société Eeyou de la Baie James et la Commission scolaire crie à l'enrichissement des programmes pédagogiques afin que les Cris soient mieux préparés à occuper ces emplois.

Par ailleurs, Hydro-Québec et la SEBJ continueront d'avoir recours à des entreprises autochtones et non autochtones de toute la région pour l'exécution dans le territoire nordique de travaux relevant de leurs compétences respectives.

CONCLUSION

La réalisation du plan de développement d'Hydro-Québec et notamment le développement des ressources hydro-électriques du Nord québécois susciteront au cours des prochaines années de nouvelles collaborations entre Hydro-Québec et ses partenaires du Nord du Québec.

Hydro-Québec et la SEBJ ont acquis une expérience exceptionnelle au cours des années de construction du complexe La Grande. La présence accrue et permanente de l'entreprise sur le territoire depuis la mise en exploitation des ouvrages a permis de développer de nouveaux modes de gestion et une nouvelle approche quant à la contribution d'Hydro-Québec au développement de cette région. La participation active de la région administrative La Grande à l'organisation de ce symposium en témoigne.

Nous souhaitons poursuivre notre contribution au développement de cette immense région qui recèle des ressources hydrauliques importantes pour l'approvisionnement du Québec en énergie électrique. La réalisation des projets et l'exploitation des équipements fera appel à la collaboration des gestionnaires, intervenants et résidants du territoire pour optimiser les retombées régionales tout en assurant la protection et la mise en valeur de l'environnement.

NOTES BIOGRAPHIQUES

CLAUDE BOIVIN

Né le 20 avril 1934, M. Boivin détient un baccalauréat ès arts du séminaire de Saint-Jean et un baccalauréat ès sciences appliquées (option électricité) de l'École polytechnique de l'Université de Montréal.

Il commence sa carrière en 1960 à la compagnie Canadian Westinghouse en tant qu'ingénieur au contrôle de la qualité. De 1961 à 1965, il a été au service de la compagnie GTE Sylvania, à titre d'ingénieur de district au service des ventes.

Entré en 1965 à Hydro-Québec, M. Boivin a été successivement chef de division Éclairage, à la direction Mise en marché (1965-1967); chef de service, Vente commerciale et industrielle à la même direction (1967-1971), et gérant Vente et Service à la clientèle de la région Saint-Laurent de 1971 à 1976. De 1976 à 1979, il occupe le poste de chef de service Information de gestion à la direction Programmation et Contrôle des coûts à la Société d'énergie de la Baie James. Il revient ensuite à Hydro-Québec comme directeur adjoint de la région Saint-Laurent et en devient le directeur en 1982.

Il est nommé vice-président Commercialisation à la fin de l'année 1982. En octobre 1984, il est nommé vice-président exécutif du groupe Marchés internes. Depuis le 15 juin 1987, il occupe le poste de vice-président exécutif Exploitation.

Monsieur Boivin est membre du conseil d'administration d'Hydro-Québec depuis le 24 septembre 1986.

Il est membre de l'Ordre des ingénieurs du Québec.

DÉVELOPPEMENTS FUTURS ET ENVIRONNEMENT

ANDRÉ MERCIER

VICE-PRÉSIDENT
PLANIFICATION DES ÉQUIPEMENTS
HYDRO-QUÉBEC

RÉSUMÉ

Les objectifs à long terme d'Hydro-Québec sont de fournir l'électricité aux Québécois aux meilleures conditions, de maximiser l'avantage de l'hydroélectricité pour le Québec et de diversifier ses activités dans des domaines connexes ou reliés à l'énergie. C'est pour atteindre ces objectifs qu'Hydro-Québec propose d'exploiter dans le futur le potentiel de 40 000 mégawatts que représentent les rivières non aménagées du Québec. Les projets de suréquipement des centrales LG2 et Manic 5, ainsi que la construction du poste Radisson et d'une ligne à courant continu sont actuellement en cours. Les futurs projets comprennent la phase II du Complexe La Grande (La Grande I, Brisay, Laforge I), l'aménagement de la rivière Sainte-Marguerite, les complexes Grande-Baleine, Ashuapmushuan, Nottaway-Broadback-Rupert (NBR) et La Romaine. Les aménagements de grands complexes hydroélectriques ont des effets importants sur le milieu naturel et humain. Les diverses conventions entre les autochtones et les développeurs prévoient un régime légal d'évaluation et d'examen des projets. De plus, des mesures de correction et d'atténuation des impacts sur l'environnement ainsi que des mesures d'ordre économique et communautaire en faveur des Cris, sont mises de l'avant. Également, Hydro-Québec s'efforce de maximiser les retombées économiques au niveau des régions d'accueil des projets. La poursuite du développement hydroélectrique dans le nord du Québec nécessitera une plus grande concertation des partenaires concernés.

ABSTRACT

Hydro-Québec's long-term objectives are to: Furnish electricity to the Québecois at the best possible conditions; maximize the advantage of hydroelectricity for Québec and diversify its activities in the fields connected with, or related to energy. It is in view of the attainment of these objectives that Hydro-Québec proposes the future exploitation of the 40,000-megawatt potential that represents the unharnessed rivers of Québec. The projects which consist in putting in more equipment in the LG-2 and Manic 5 power houses, as well as constructing the Radisson station and a direct current line are underway.

The future projects include: phase II of the La Grande Complex (La Grande I, Brisay, La Forge I), the construction of the Sainte-Marguerite River, the Grande-Baleine, Ashuapmushuan, Nottaway-Broadback-Rupert (NBR) and La Romaine complexes. The construction of important hydroelectric complexes has significant effects on the natural and human environment. The many agreements between the natives and the developers have made provision for a legal evaluation and examination regime of these projects. Furthermore, correction and lessening measures of the environmental impacts, as well as measures of economic and community order in favor of the Crees have been put forward. Also, Hydro-Québec is making an effort to maximize the economic fall-outs at the level of project foster regions. The pursuit of hydroelectric development in Northern Québec will require a greater concertation of the partners involved.

ÉVOLUTION D'HYDRO-QUÉBEC

La présente décennie marque dans l'évolution d'Hydro-Québec une transition entre la période de doublement de la demande québécoise d'électricité (tous les dix ans) et les années 90, qui ouvriront une nouvelle période d'évolution.

Pour définir et préparer cette période, Hydro-Québec poursuit une orientation fondamentale axée sur trois volets:

- fournir l'électricité au Québec aux meilleures conditions;

- maximiser l'avantage de l'hydro-électricité pour le Québec;

- diversifier ses activités dans des domaines connexes ou reliés à l'énergie.

Cette orientation à long terme correspond à la conjoncture prévisible du tournant du siècle, lorsque l'électricité aura atteint, comme produit, le stade de la maturité, ce qui s'accompagnera d'une réduction graduelle de la croissance des ventes d'électricité au Québec. Cette orientation à long terme comprend donc à la fois des éléments qui permettront d'élargir les applications de l'électricité sur les marchés québécois, de concrétiser une percée durable sur les marchés externes ainsi que d'autres éléments qui devraient amener une diversification graduelle des activités de l'entreprise.

POTENTIEL HYDRO-ÉLECTRIQUE

Les rivières non aménagées du Québec représentent un potentiel de 40 000 mégawatts. Une partie de ce potentiel, soit 17 000 mégawatts, s'avère aujourd'hui plus économique que toute autre option de production d'électricité, que ce soit par des centrales thermiques au mazout ou au charbon ou des centrales nucléaires.

Hydro-Québec propose d'exploiter ce potentiel pour répondre aux besoins en électricité du Québec. Cette mise en valeur déclenchera l'aménagement de plusieurs rivières et la construction de lignes de transport et de postes.

LES NOUVELLES CENTRALES

C'est au nord que sont aménagés les grands complexes hydro-électriques actuels et que les futures centrales seront construites. Les futurs projets hydro-électriques comprennent la phase II du complexe La Grande (La Grande 1, Brisay et Laforge 1), l'aménagement de la Sainte-Marguerite, les complexes Grande-Baleine, Ashuapmushuan, Nottaway-Broadback-Rupert (NBR) et La Romaine (figure 1 à la page suivante).

Pour transporter l'énergie produite par ces centrales, Hydro-Québec devra construire des lignes de transport d'électricité qui relieront la Baie James et la Côte-Nord aux centres de consommation.

PROJETS EN COURS

Au cours de 1987, le gouvernement du Québec a autorisé la construction des projets de suréquipement de la centrale LG2 et de la ligne à courant continu à 450 Kv Radisson-Nicolet-Des Cantons.

La construction de LG2A est présentement en cours sous la responsabilité de la SEBJ tandis qu'Hydro-Québec a entrepris la construction du poste Radisson ainsi que le déboisement et la construction de toute la partie nord de la ligne Radisson-Nicolet-Des Cantons.

Hydro-Québec a de plus repris en 1986 les travaux de suréquipement de la centrale Manic 5 en vue d'une mise en service en 1989.

FIGURE 1

Futurs projets de centrales

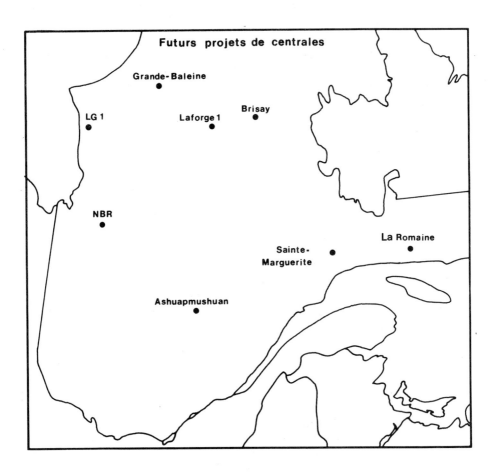

PROJETS FUTURS

Hydro-Québec met à jour et complète les avant-projets de la seconde phase du complexe La Grande. Les projets LG1, Brisay et Laforge 1 devraient être présentés au gouvernement dans un avenir rapproché (1988 ou 1989) et les travaux, pour chacune des centrales, débuteront consécutivement dans les années suivantes.

Les autres projets, tant sur la Côte-Nord que dans le territoire de la Baie James, font présentement l'objet d'études d'avant-projet. Ils devraient, après autorisation du gouvernement, être réalisés selon un calendrier qui variera en fonction de l'évaluation qui sera faite des besoins énergétiques du Québec et des contrats d'exportation d'énergie conclus.

(Le tableau 1 présente les dates de mise en service prévues selon le programme d'équipement cible).

TABLEAU 1

Projet de centrale	Puissance* (en mégawatts)	Date de mise en service
Phase II du Complexe La Grande		
• LG 1	1 296	1995 - 1996
• Brisay	385	1996
• Laforge 1	783	1997
- Sainte-Marguerite	822	1998
- Caopacho	1 000	1998
- Grande Baleine	2 891	1999 - 2000
- Ashuapmushuan	533	2001 - 2002
- NBR	8 700	2003 - . . . .
- La Romaine	1 710	à déterminer

* disponible à la pointe

FIGURE 2

Programme d'équipement cible
Gestion de l'offre, de la demande
et exportation 3 500 Mw
Plan 1987-1989, horizon 1996

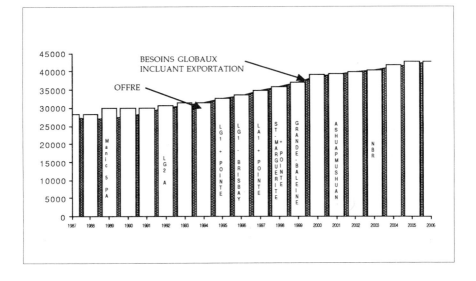

AMÉNAGEMENT, IMPLANTATION ET ENVIRONNEMENT

Les aménagements de grands complexes hydroélectriques ont des impacts importants sur le milieu naturel des territoires situés au nord du Québec et affectent le mode de vie et l'organisation des communautés qui peuplent ces régions.

Les impacts sont liés aux caractéristiques de la technologie hydro-électrique (barrages, digues, réservoirs, dérivations, etc.) ainsi qu'à l'ampleur et aux caractéristiques géographiques et topographiques du territoire.

La construction des digues et des barrages dérive les rivières et les transforme en de grands réservoirs. Ces réservoirs modifient l'organisation et le fonctionnement du milieu naturel ainsi que l'exploitation possible de ce territoire.

Du point de vue économique, l'hydro-électricité génère au cours de la phase de construction une activité intense, qui diminue beaucoup durant la phase de l'exploitation de l'ouvrage. L'ampleur des travaux réalisés avant la mise en service d'un complexe hydroélectrique est très élevée. Par la suite, cependant, les frais d'exploitation et le personnel requis au cours de la phase d'opération des équipements sont beaucoup plus faibles que lorsque l'énergie électrique est produite à partir d'autres technologies, parce qu'on peut produire une grande quantité d'énergie électrique avec un nombre réduit d'effectifs. C'est pourquoi Hydro-Québec veut planifier, concevoir et réaliser ses projets et activités en tenant compte de toutes leurs implications environnementales.

CONCEPTION ET RÉGIME LÉGAL DE PROTECTION DE L'ENVIRONNEMENT ET DU MILIEU SOCIAL

Les règles juridiques établies par l'Assemblée nationale du Québec, notamment à la suite de la signature de la Convention de la Baie James et du Nord québécois en 1975, prévoient, préalablement à leur approbation un régime complet d'évaluation et d'examen de tous les projets, qui doivent être réalisés dans le territoire de la Baie James et du Nord-Ouest du Québec.

Les représentants des nations autochtones concernées sont invités à participer à toutes les étapes du processus de suivi, de révision et d'autorisation du projet.

CONCERTATION D'HYDRO-QUÉBEC AVEC SES PARTENAIRES

En sus de ces règles établies par le gouvernement du Québec, Hydro-Québec discute et se concerte avec ses partenaires au cours de la conception et avant d'entreprendre la réalisation d'un projet. Il faut non seulement reconnaître, comprendre et gérer les impacts sur l'environnement naturel et humain, mais aussi les atténuer lorsqu'ils sont négatifs. Les impacts positifs doivent être optimisés et les occasions de mise en valeur des ressources et du territoire doivent être favorisées.

À titre d'exemple, Hydro-Québec et la SEBJ ont conclu le 6 novembre 1986 deux conventions avec la nation crie, à savoir:

- la Convention La Grande 1986;

- la Convention Mercure 1986.

La Convention La Grande 1986 a permis à Hydro-Québec et à la SEBJ de conclure avec les représentants des Cris de la Baie James une entente concernant des mesures de correction et d'atténuation et des mesures d'ordre économique et communautaire en faveur des Cris.

La Convention Mercure 1986 a permis de regrouper les efforts des Cris, du gouvernement du Québec, de la SEBJ et d'Hydro-Québec en vue de mieux déterminer la nature et la portée du problème causé par la présence du mercure dans l'environnement du territoire de la Baie James et notamment du bassin du Complexe La Grande.

La conclusion et la mise en oeuvre de telles ententes permettent d'améliorer les relations qu'entretient Hydro-Québec avec les communautés et les milieux d'accueil de ses projets. Des mécanismes souples, clairs et continus assurent une meilleure communication entre les parties. La réalisation des projets se fait dans le respect du milieu et des communautés qui l'habitent.

Parallèlement, de nombreuses mesures d'atténuation ont été prises en vue du développement économique (routes, fonds communautaire et de développement, etc.) et l'amélioration de la qualité de vie (prise d'eau améliorée, système de filtration, système d'égoût, débarcadères pour canots, etc.).

Hydro-Québec et la SEBJ s'efforcent de maximiser les retombées économiques à la fois sur l'ensemble du Québec et au niveau des régions d'accueil des projets. On prévoit que des contrats de construction plus nombreux seront confiés à l'avenir aux entreprises autochtones et non autochtones du territoire de la Baie James, de l'Abitibi-Témiscamingue et du Saguenay-Lac-Saint-Jean sur la base de prix compétitifs. À cette fin, des appels d'offres ont déjà été publiés dans les journaux des régions concernées pour des travaux de construction évalués à plus de 100 000 $.

De plus, on étudie la possibilité de restreindre certains appels d'offres concernant des travaux et services à des entreprises des régions d'accueil. Les entrepreneurs généraux sont enfin invités à faire appel à des sous-traitants locaux et régionaux ainsi qu'à de la main-d'oeuvre locale et régionale.

CONCLUSION

La poursuite du développement hydro-électrique dans le nord du Québec nécessitera d'immenses efforts de concertation entre tous les partenaires concernés. Les discussions amorcées par Hydro-Québec avec plusieurs nations autochtones constituent un élément important de ce processus qui vise à concilier le développement et la protection de l'environnement.

Les programmes de mise en valeur environnementale permettent aux ville et aux MRC touchées par les projets d'Hydro-Québec, de réaliser des initiatives qui protègent et mettent en valeur des éléments, ressources ou paysages du milieu affecté.

Ces communautés pourront par conséquent, non seulement bénéficier des retombées économiques de la réalisation des grands travaux de construction, mais aussi profiter collectivement de cette période pour améliorer leur milieu de vie.

Le développement du réseau de production et de transport d'Hydro-Québec sera plus souple dans l'avenir et tiendra compte de l'ensemble des marchés rentables. L'utilisation optimale de l'avantage que constitue l'hydro-électricité pour le Québec et l'obligation de fournir à tous les clients du Québec un service de qualité aux meilleures conditions constitueront les deux pôles principaux de l'orientation d'Hydro-Québec au cours de la prochaine décennie.

NOTES BIOGRAPHIQUES

ANDRÉ MERCIER

André Mercier est né le 23 juin 1945 à Lévis. Il fait ses études secondaires au collège Monseigneur-Désiel et les poursuit à l'Université Laval dont il obtient, en 1967, un baccalauréat ès sciences en génie électrique. L'Université Notre-Dame, aux États-Unis, lui décerne en 1969 une maîtrise en génie électrique. Il effectue aussi, en 1970 et 1971, un stage de formation sur les techniques d'essais à haute tension auprès de la société Asea, en Suède.

Il entre à Hydro-Québec en 1969 à titre d'ingénieur au service Études de réseaux. De 1970 à 1974, il est ingénieur d'essais au laboratoire Haute tension de l'Institut de recherche d'Hydro-Québec (I.R.E.Q.). De 1974 à 1975, il redevient ingénieur au service Études de réseaux; il est nommé chef de division dans ce service en 1975, poste qu'il occupe jusqu'en 1979. En 1979, il devient chef de service adjoint, Études de réseaux et en 1982 il est directeur adjoint, Planification.

En mars 1983 André Mercier est nommé directeur, Ingénierie de postes, Automatismes et Télécommunications.

En janvier 1984 il est vice-président adjoint, Planification des équipements et en juin 1984, André Mercier devient vice-président, Planification des équipements du groupe Équipement.

André Mercier a donné un cours sur les réseaux électriques au cégep Ahuntsic et il est l'auteur de plusieurs publications.

Il est membre de l'Ordre des ingénieurs du Québec, de l'Association canadienne de normalisation (ACNOR) ainsi que de la Chambre de commerce de Montréal.

THE FUTURE OF
ECONOMIC DEVELOPMENT
AMONG THE CREES

ALBERT W. DIAMOND

PRESIDENT, COMPENSATION BUREAU,
CREE REGIONAL AUTHORITY

RÉSUMÉ

Monsieur Diamond a d'abord rappelé qu'après la signature de la convention de la Baie James, l'organisation qu'il représente s'est attachée à mettre en place les services (éducation, santé, habitation, etc.) prévus par cette entente. Et après seulement, l'Administration régionale crie s'est lancée dans le développement économique.

Ses regards se tournent maintenant vers le secteur industriel et, tout particulièrement, vers le domaine forestier et minier que les Cris sont intéressés à développer tant à l'intérieur qu'à l'extérieur du territoire de leurs bandes. Mais comme ce type d'industrie exige un financement très lourd à supporter, ils étudient toutes les possibilités de partenariat et d'entreprises conjointes qui leur sont présentées. Ces propositions doivent toujours être étudiées non seulement selon leur strict point de vue économique mais également selon leurs aspects sociaux et culturels. Il ne faut jamais oublier, a dit monsieur Diamond, que les décideurs cris, de par leur mandat, sont tenus de tenir compte de tous les aspects du développement de leur territoire.

L'administration régionale crie compte développer d'autres secteurs: tourisme, pourvoiries, fourrure, etc. On croit que ce développement se fera surtout par le biais de petites et moyennes entreprises.

ABSTRACT

Mr. Diamond first wanted to recall that after the signing of the James Bay Agreement, the organization which he represents immediately started to set up services (education, health, housing, etc.) as planned in the agreement. Only after did the Cree Regional Administration get involved in economic development.

They are now looking towards the industrial sector and mainly at the fields of forestry and mining which they are interested in developing within as well as outside their band territories. But because this type of industry requires heavy and burdensome financing, they are considering all the possibilities of partnership and joint enterprise presented to them. These propositions must always be studied not only under their rigid *economic point of view, but also according to their social and cultural aspects. "We must never forget", said Mr. Diamond, "that the Cree decision makers, because of their mandate, must consider all of the aspects of their territory's development".*

The Cree Regional Administration plans to develop other sectors: tourism, outfitters, fur, etc. We believe that this development will be achieved mainly via small and medium enterprises.

I would like to start by saying that economic development in the Cree communities and in the James Bay territory has become one of the priorities of the Cree chiefs and their councils. It has been over ten years since the signing of the James Bay and Northern Quebec Agreement and a lot of progress has been made in the development of small businesses in the Cree communities. However, we have now reached the point where the chiefs,their councils and their administration are leaning towards industrial development rather than just the development of small businesses. They have also started to look at developing businesses outside their communities and in the James Bay territory.

There are several sectors that the Cree people will be developing in the territory in the future. In the first instance, two of the Cree communities, namely Mistassini and Waswanipi, have initiated projects in the forestry sector. I foresee that two or three other Cree communities will get involved in this sector in the very near future. The Crees are also ready to develop transformation centres to produce finished wood products. We realize that this next level of development requires a lot of money and will lead us to contemplate partnerships or joint ventures with non-native parties.

Another sector that has received a lot of attention is the mining sector. Many of the Cree people in Waswanipi, Oujé-Bougoumou and Mistassini have been involved in mining exploration for many years. In fact, several Cree individuals have formed their own mining exploration companies. The Crees are now discussing the possibility of forming a major mining enterprise. We are also looking at investing in existing companies; not necessarily to buy majority share holding but to obtain substantial shares to influence the operations of the company. It is our hope that such an arrangement would provide the Crees with the necessary experience and knowledge. I should say that the Crees are open to any joint venture partnership proposal from any mining company and that we have received several proposals in the past which unfortunately were not exactly what we wanted.

Another sector the Crees have a high interest in is the tourism industry, particularly outfitting. Many delays have been encountered because of disagreements with the Quebec government. At the present time, the feeling among the Crees is that the fishing and hunting camps will most likely be family owned and/or with partners like Creeco, a Band Corporation or even a non-native party. It should be stated that the Cree people in general are a long way from being able to provide outfitting centres for non-native people.

As far as economic development in the communities is concerned, small businesses that can be supported by a particular community have been developed. The local band councils are now planning and developing projects that relate more to the industrial sector, the manufacturing and production of finished products, for example. The prerequisite of such projects is that they be feasible and create employment. Typically, most of the projects create from five to ten jobs and cannot, therefore, be considered major industrial development. However, it is possible that a particular project, if successful, be expanded to the point where a substantial number of jobs are created. I will use the example of the Waskaganish Enterprises Development Corporation, a plant to manufacture fiberglass boats established in Waskaganish. It is a joint venture with the Yamaha Corporation of Canada. It created twelve seasonal jobs in the community and it is just a matter of time before the company's projects create year-round employment. This example also shows that Crees are ready to enter into partnerships and joint ventures. I should also say that we have learned what kind of partners we should look for and have developed business principles which we intend to follow.

A sector that the Crees are already involved in but which they should develop further is the fur industry. The financial returns to the Cree people from the fur industry are minimal. We are now looking at getting involved in fur farms, fur tanneries, fur brokerage businesses (or the sale and purchase of furs) and the manufacturing of fur products. We do not intend to establish all these projects on our own, and are assessing possible joint ventures and partnerships. There are already existing fur farms and tanneries which we would be willing to invest in. There are also discussions with furriers on profit sharing agreements if the Crees were to ship the raw furs directly to the furrier.

Another sector deserving mention is the establishment of "Caisses populaires" in the Cree communities. Two "Caisses populaires" were established in the communities of Waswanipi and Mistassini. The impact of such a financial institution has been tremendous, for not only can people borrow money for their own personal use but they can borrow money to establish businesses and services in their community. If you examine the impact of the Caisse populaire in the community of Mistassini where the band, as a corporation, does its banking, where all the residents do their banking, and many, if not all, of the businesses in the community do their banking, the economic spin-offs from such an institution have been tremendous.

We are working very closely with the Fédération des Caisses populaires in Amos with respect to establishing "Caisses populaires" in Waskaganish and Wemindji. It is our hope that such institutions will be established in the coming year in both communities.

At the beginning of my presentation, I stated that economic development has become a priority for the Crees. I think that it is important to point out that the majority of our people still pursue the traditional way of life which is hunting, fishing and trapping. If you look at the number of people that can trap and the size of the territory the Crees have, we have almost reached the saturation point. There are only so many Crees that can pursue the traditional way of life as a way of life, and if you look at the number of people that cannot trap and need employment, their numbers are increasing on a year-to-year basis. It is only a matter of time before they will outnumber those who pursue the traditional way of life. In many cases, these people left school too young to be able to get employment and too late to acquire the skills needed to pursue the traditional way of life. In time they will become the focus of attention of the Cree leaders in trying to provide a means of income for them. In my view, it will be only through the creation of businesses and through industrial development that meaningful jobs will be created.

NOTES BIOGRAPHIQUES

ALBERT W. DIAMOND

Albert W. Diamond assume la présidence du Bureau d'indemnité depuis juin 1978. Il est également président de Creeco, de la Compagnie de construction crie et du Conseil cri de la santé et des services sociaux de la Baie James. Monsieur Diamond est trésorier de l'Administration régionale crie et du Grand conseil des Cris du Québec depuis juin 1986. Depuis 1985, il est également présent au conseil de direction du Native Economic Development Program (N.E.D.P.) et du D.R.E.E. Soulignons qu'il a été de 1985 à 1986, directeur général par intérim au sein de l'Administration générale crie. En plus de siéger au sein de conseils d'administration de plusieurs organisations créées par la C.B.J.N.Q., Monsieur Diamond s'est impliqué auprès de SODAB, la Corporation de logement crie, Air Creebec inc. et la Fondation crie de la Baie James.

Albert Diamond a étudié à l'Université Trent en Ontario.

KIWETAN

RICHARD KISTABISH

*PRÉSIDENT
CONSEIL ALGONQUIN DE L'OUEST
DU QUÉBEC*

RÉSUMÉ

La présentation de monsieur Kistabish fut originale et poétique. Il a comparé leur "terre" à une "maman, source de vie". Cette maman, on l'a épuisée, rendue malade. Sa chevelure (forêt) fut vidée, la création de barrages a détruit une partie de celle-ci, l'a polluée, nous n'avons qu'à penser au mercure.

Le feu s'est mêlé à cet ensemble et ce n'est pas toujours la foudre qui en est responsable. La compagnie Noranda a brûlé, avec tous ces poisons dans l'air, la belle chevelure de la maman. Il y a des projets pour les émanations de SO_2, mais 50 % ce n'est pas assez, il en reste encore 50 %...

Les mines d'or polluent, on constate l'existence de plusieurs parcs à résidus miniers dans notre entourage.

Et voilà que l'on parle de BPC à Senneterre, d'études pour entreposer les déchets nucléaires et ça continue.

"La maman est malade, maintenant on veut la tuer", selon monsieur Kistabish.

Les décideurs doivent prendre en considération l'état critique de l'environnement. Il faut redonner vie à la nature avant de penser à créer d'autres développements.

Les Algonquins vivent en équilibre avec le Nord. Il ne faut plus que les gouvernements, les entreprises continuent de le détruire.

Il faut penser à l'harmonie avec les choses, les êtres humains, on appelle cela la justice. Sans elle, pas de sécurité dans les affaires du Nord. Voilà le message du président du Conseil algonquin de l'Ouest du Québec.

ABSTRACT

Mr. Kistabish's presentation was both original and poetic. He compared the land to a mother, (life giving). This mother, we have exhausted her; made her ill. Her hair (forest) was depleted, the erection of dams has killed off part of it; polluted it. Just think of what mercury has done.

Fire got into the act and lightening wasn't always the cause. Noranda has burnt mother's beautiful hair with all its air pollutants. There are projects for SO_2 emissions, but 50% is insufficient, because 50% still remain.

Gold mines pollute. Numerous tailing dams are now part of our environment.

And now there is talk of PCBs in Senneterre; of studies to store nuclear wastes, and on goes the discussion.

"La maman est malade, maintenant on veut la tuer" (The mother is ill and now we're going to kill her), according to Mr. Kistabish.

Those who decide must take into consideration the critical condition of the environment. We must give new life to nature before thinking about the creation of other developments.

The Algonquians live in harmony with the North. Governments and companies must cease their destructive quest.

We must think of harmony with things, human beings; this is justice, without it there is no safety in Northern affairs. Here is the message of the President of the Algonquian Council of Western Quebec.

Je suis ici, aujourd'hui, parce que je suis un Algonquin, un Amérindien ou encore ce qu'on appelait autrefois un sauvage. J'aurais de beaucoup préféré m'exprimer dans ma langue, mais qu'est-ce que vous voulez, on ne l'enseigne pas encore aujourd'hui dans vos écoles.

En parlant du Nord, on parle ici en fait de notre mère la terre. Car, sans que vous soyez familiers avec notre culture, le minimum à connaître c'est que pour nous, la terre, c'est notre maman, c'est la source de la vie.

Nous n'avons donc pas les mêmes yeux pour la regarder, cette terre. Pour quelques instants, nous allons vous prêter nos yeux pour l'observer.

Nous allons examiner un peu ce qui est arrivé ici en territoire algonquin depuis environ un siècle. Je vais utiliser des images pour vous faire comprendre.

D'abord, des gens se sont présentés pour couper les cheveux de notre maman, ses arbres qui sont aussi ses poumons. Ils sont arrivés, il y a près de 150 ans dans l'Outaouais supérieur et plus tard de ce côté-ci de la ligne de partage des eaux. Et ils ont fait de cette scène l'endos de leur dollar. Et aujourd'hui, ça continue même si notre mère montre des signes évidents de fatigue. Car, non seulement ses cheveux ne repoussent plus assez vite pour soutenir cette récolte, mais encore si peu sur de grandes surfaces comme dans le désert du Mumba ou ici en Abitibi. Elle devient maintenant chauve par plaques.

Pour mieux transporter les cheveux de notre maman, ces gens ont utilisé ses artères. Regardez bien votre dollar en papier à l'endos et vous comprendrez. Ils en ont fait des maisons et des bateaux, puis ensuite le papier.

Et pour faciliter la coupe des cheveux, on s'est mis à fabriquer des barrages pour retenir l'eau. Au début, ça pouvait ressembler à de gros barrages de castor, à cette différence que le barrage du castor est vivant.

Puis ces barrages ont pris des proportions gigantesques, au début du XXᵉ siècle, surtout pour satisfaire les besoins en énergie des multinationales. On a noyé notre maman. Et, ironie du sort, on nous dit que tous ces barrages libèrent le mercure dans la chaîne alimentaire. On a donc commencé à empoisonner notre maman, mais c'était encore bien petit par rapport à ce qui l'attendait.

Entretemps au XIXᵉ siècle, on a aussi brûlé notre maman. Car le XIXᵉ siècle a aussi été le siècle des feux. Des immenses surfaces de peau de notre maman ont été brûlées pour des raisons qui n'avaient pas toujours à voir avec la foudre.

Puis, des gens sont venus carrément l'empoisonner. Prenons par exemple, le 48ᵉ parallèle.

- Il y a plus d'un demi-siècle maintenant, la Noranda a commencé à cracher des métaux toxiques sur notre mère et à lui envoyer des gaz empoisonnés dans son air. On parle quotidiennement de tonnes de ces poisons depuis plus de 50 ans. Et on parle de réduire de 50 % les émissions de SO_2 de la Noranda dans les prochaines années. Alors, on va continuer à cracher 50 % de poison au visage de notre mère. Et qu'arrive-t-il de ce qu'on lui a déjà fait?

- Toujours près du 48ᵉ parallèle, les mines d'or de la faille de Cadillac. On gratte l'or dans le ventre de notre mère depuis plus de 50 ans. Et pour l'extraire, on réduit des roches en une poussière toxique qui s'accumule sur de grandes surfaces autour de ces exploitations.

- Et plus récemment, toujours près du 48ᵉ parallèle, on veut placer en magasin à Senneterre des quantités phénoménales de BPC, un des poisons les plus dangereux produits par l'homme. Si ce magasin venait à libérer son poison, ce serait la mort certaine de notre mère pour une immense étendue. Vos gouvernements, vos parlements, vos multinationales, vos rois nous disent de ne pas nous inquiéter. C'est drôle, ils nous tenaient le même discours il y a 100 ans. Et ils ont rendu notre mère malade: maintenant, il est question de mort.

Attention, je pourrais vous allonger la liste à l'infini: je vous épargne les effets sur notre maman des déchets des villes et villages, des insecticides utilisés dans les années soixante-dix, de la disparition de sa faune et de sa flore et tant d'autres sujets.

Je ne parle pas ici de folklore. Oh, j'imagine certains "décideurs" se dire: voilà encore un Indien qui s'ennuie du passé. Ou encore d'aucuns penser qu'il s'agit d'un chapelet de litanies d'Indien "déconnecté" de la réalité.

Non, ce n'est pas du folklore. Autrefois, nous les Algonquins, nous étions en équilibre avec notre mère. Mais, le jour où des gens téléguidés par des gouvernements, des parlements, des multinationales et des rois, le jour où ces gens ont commencé à détruire le Nord, à détruire notre maman, la polluer, la noyer, la salir, lui arracher ses cheveux, lui cracher dessus, la brûler, lui vômir des poisons, ce jour-là annonçait pour nous les Algonquins un *krach*, car autant la bourse est le pouls de votre économie, autant notre mère la terre est la bourse et le pouls de notre vie.

Nous, les Algonquins, nous sommes donc aujourd'hui les témoins vivants, voire souvent gênants, du *krach* que vos gouvernements, vos parlements, vos multinationales, vos rois ont fait subir à notre mère dans ce pays.

Nous disons donc qu'avant de penser à d'autres développements au Nord, au pays algonquin, il faut guérir notre mère malade. La dépolluer, la rendre propre, laisser ses cheveux et donc ses poumons repousser et respirer, réduire les limites du désert à néant, cesser de noyer et détruire les barrages qui ne sont pas nécessaires, cesser de lui cracher dessus, ramasser les poisons.

Nous ne voulons pas arrêter ce que vous appelez votre progrès. Nous vous proposons d'utiliser nos yeux et notre sagesse pour comprendre ce qui arrive ici et d'employer de l'énergie à guérir notre mère plutôt que de l'enfoncer encore plus vers le désespoir et la mort.

Tous ici, autant que vous êtes, vous avez tous une maman. Que vous serait-il arrivé si vous l'aviez traitée comme la nôtre l'a été par vos rois, vos parlements, vos gouvernements et vos multinationales?

NOTES BIOGRAPHIQUES

RICHARD KISTABISH

Actuellement âgé de 39 ans, il participe depuis l'âge de 21 ans de façon intensive aux activités communautaires. En 1975, il occupait un siège de conseiller au sein du Conseil de bande de sa communauté. En 1978, il était choisi chef de sa bande (Pikogan). Deux ans plus tard, il devenait le président fondateur du Conseil algonquin du Nord-Ouest, organisme regroupant une dizaine de communautés.

Parallèlement à ces fonctions importantes, on le retrouve à l'occasion gérant de bande, conseiller en éducation, conseiller para-judiciaire, agent d'aide aux étudiants, commis aux archives du ministère des Affaires indiennes et du Nord, etc.

Après une absence de quatre ans, il est aujourd'hui de retour à titre de président du Conseil algonquin de l'Ouest du Québec.

L'INDUSTRIE MINIÈRE-FACTEUR NÉCESSAIRE AU DÉVELOPPEMENT DU NORD QUÉBÉCOIS

LOUIS-GONZAGUE LANGLOIS

CONSULTANT MINIER ET
EX-DIRECTEUR GÉNÉRAL
ASSOCIATION DES MINES ET
MÉTAUX DU QUÉBEC INC.

RÉSUMÉ

Après un bref rappel historique du développement minier qui a amené l'implantation d'une population solidement ancrée dans les villes et villages de l'Abitibi et de la Côte-Nord, l'auteur fait profession de foi dans un développement minier qui s'étendrait encore plus au nord. "Ce vaste territoire", dit-il en faisant référence plus particulièrement à la fosse du Labrador, n'a été patrouillé, jusqu'à présent, que par les géologues et les prospecteurs qui y ont découvert de nombreux indices de minéralisation. Mais les entrepreneurs miniers n'y ont pas encore fait leur apparition.

Les ressources minières du Nord québécois ne peuvent toutefois être exploitées de façon rentable, selon M. Langlois, que si certains facteurs sont réunis au moment propice: un marché international intéressant, des politiques gouvernementales qui stimulent l'exploration du territoire et des infrastructures qui doivent nécessairement être à la charge des gouvernements. À ce titre, il déplore que les mesures incitatives pour promouvoir l'exploration de la fosse du Labrador n'aient été décidées que peu de temps avant qu'on ait abandonné les infrastructures de la Côte-Nord.

Monsieur Langlois se dit inquiet de voir les gouvernements procéder à la dilution lente mais certaine des effets des politiques fiscales qui avaient amené une recrudescence de l'activité minière; il fait référence ici aux société en commandite et aux actions accréditives qui, entre autres effets bénéfiques, ont permis une incursion inespérée des Québécois dans l'industrie minière.

Louis-Gonzague Langlois termine son texte sur des questions inquiétantes. "Cette participation québécoise dans le financement de l'activité minière au Québec, pourra-t-elle continuer avec la même intensité après la disparition des stimulants fiscaux?" "Les ressources minérales seront toujours là, mais seront-elles dans l'avenir exploitées avec autant d'enthousiasme que présentement et au profit de qui?"

ABSTRACT

After a brief historical recall of the mining development which resulted in the settling of a well-established population in the towns and villages of Abitibi and the North Shore, the speaker declared his faith in a mining development that would extend even further north. "Ce vaste territoire" (this vast territory) as he said, when referring more specifically to the Labrador trough, which up to now has only been patrolled by geologists and prospectors who have found many traces of mineralizations there, still remains untouched by mining entrepreneurs.

The mining resources of Northern Québec cannot be exploited in a profitable manner, according to Mr. Langlois, until certain elements appear together at the right moment: an interesting international market, government policies which stimulate territorial exploration and substructures which must necessarily be at the government's responsibility. In following with this, he regrets that the incentives to promote the exploration of the Labrador Trough were agreed upon only a short time prior to the abandonment of the North Shore substructures.

Mr. Langlois declares he is apprehensive at the sight of governments which are proceeding with a slow but sure dilution of the results of taxation policies which have stimulated the mining sector; he is referring here to the limited partnership companies and to flow-through shares which, along with other beneficial effects have allowed the Québécois to take an unhoped-for place in the mining industry.

Mr. L.G. Langlois ends his speech on questions expressing his concern "Cette participation québécoise dans le financement de l'activité minière au Québec pourrat-elle continuer avec la même intensité après la disparition des stimulants fiscaux?" (Will Quebec's participation in the financing of its mining activity be able to continue after the disappearance of taxation incentives?).

"Les ressources minérales seront toujours là, mais seront-elles dans l'avenir exploitées avec autant d'enthousiasme que présentement et au profit de qui?. (Mineral resources will always be present, but in the future, will they be exploited with as much enthousiasm and for whose profit?)

Je suis fort reconnaissant aux organisateurs de ce Symposium de me fournir l'occasion d'exprimer mon point de vue sur l'avenir de l'industrie minière et son influence sur le développement du Nord québécois.

Un bref regard en arrière nous permet de constater que, depuis l'arrivée des Européens au Canada, les richesses naturelles ont été au centre de la survivance et du développement économique de la population.

Au cours du 17e siècle, ce qui formait alors le Canada a été aménagé au sud par les colons français le long du Saint-Laurent, alors que les marchands de fourrures anglophones envahissaient l'extrême nord du pays, par la route de l'Arctique, en établissant de nombreux postes de traite le long des rives de la baie d'Hudson et de la baie James et, plus tard, en étendant leur empire sur tout le Grand Nord canadien jusqu'aux Rocheuses.

Quant à la zone centrale du Canada, il a fallu attendre l'arrivée des prospecteurs, deux siècles plus tard, pour y retrouver des aménagements importants grâce à la découverte de nombreux gîtes aurifères, d'abord dans le Nord-Est ontarien, au tournant du XXe siècle, et quelques années plus tard, dans le Nord-Ouest québécois.

L'industrie minière au Québec a donc été le point de départ d'un aménagement important au nord du 48e parallèle, qui a débuté dans l'ouest avec l'établissement de villes comme Rouyn-Noranda, Cadillac, Malartic, Val d'Or, Joutel et Matagami pour se continuer au centre avec Chibougamau et Chapais; pendant qu'à l'est, on voyait surgir des villes comme Schefferville, Gagnon, Fermont, Wabush, Labrador City, à cause de l'exploitation du minerai de fer, et en Gaspésie, Murdochville pour les travailleurs des mines de cuivre.

Afin de vous donner une idée de l'importance du secteur minier québécois, permettez-moi de vous présenter certaines statistiques, bien incomplètes je l'avoue, sur les produits miniers extraits du sous-sol québécois au nord du 48e parallèle, depuis 1927, année qui, avec l'ouverture de Noranda, a vraiment marqué le début de l'industrie minière dans le Moyen Nord.

Au cours de cette période de 60 ans, on a récupéré à partir du milliard et demi de tonnes de minerai extraites de nos mines, 12 milliards de livres de cuivre, 10 milliards de livres de zinc, 50 millions d'onces d'or, 150 millions d'onces d'argent, 500 millions de tonnes de minerai de fer en plus de beaucoup d'autres métaux en quantité moindre.

Cette production, dont la valeur en dollars courants a atteint quelque 30 milliards de dollars, a nécessité une bonne quinzaine de milliards en investissements et a permis une redistribution sous forme de salaires de quelque

9 milliards de dollars, et en achat de services, pièces et équipements, environ 10 milliards.

C'est donc un apport d'autant plus important pour l'économie du Québec que ces chiffres ne tiennent aucun compte des activités industrielles directement reliées à l'industrie minière qui, selon les meilleures évaluations, génèrent 5 ou 6 emplois additionnels pour chaque travailleur directement impliqué dans le secteur minier.

Mais puisque je n'ai que quelques minutes à ma disposition pour vous entretenir d'un secteur économique aussi important, c'est assez parlé du passé, passons maintenant à l'avenir et l'avenir dans le secteur minier est étroitement lié aux richesses minérales que le sous-sol québécois contient toujours.

Sans vous faire subir un cours de géologie qui, je l'avoue, paraîtrait bien peu orthodoxe aux étudiants de cette discipline, permettez-moi tout de même de mentionner que 90 % du sous-sol québécois fait partie de formations géologiques très anciennes connues sous le nom de Bouclier canadien et très favorables à la présence de gisements métallifères. Ces formations ont été fortement perturbées pendant des millions d'années, soit par des éruptions volcaniques, soit par des cassures de la croûte terrestre, de sorte qu'en certains endroits, on y retrouve des accidents géologiques majeurs, telle la faille Cadillac qui traverse l'Abitibi d'est en ouest pour se prolonger du côté de l'Ontario, pendant que dans la partie occidentale du Québec on retrouve la fosse du Labrador, immense accident géologique de 50 milles de large par plus de 600 milles de long, s'étendant en demi-cercle du lac Manicouagan jusqu'à la pointe du Nouveau-Québec en longeant la rive ouest de la baie d'Ungava.

Les statistiques mentionnées indiquent bien l'énorme quantité de métaux précieux et usuels qui ont déjà été extraits des gîtes minéraux découverts dans le voisinage de la faille Cadillac, ainsi que dans la partie sud de la fosse du Labrador.

À l'intention des pessimistes, j'aimerais ajouter que le potentiel minier du territoire québécois est fort loin d'être épuisé. On sait par exemple que le potentiel minéral de la fosse du Labrador, à part l'exploitation du minerai de fer, est encore vierge. Ce vaste territoire n'a été patrouillé, jusqu'à présent, que par les géologues et les prospecteurs qui y ont découvert de nombreux indices de minéralisation. Mais les entrepreneurs miniers n'y ont pas encore fait leur apparition. Au cours des deux dernières années, toutefois, certaines découvertes dans la fosse du Labrador ont été l'objet de travaux d'exploration plus poussés.

On peut donc espérer que dans un avenir rapproché, si les découvertes s'avèrent profitables, on pourra assister à la mise en opération de certaines exploitations minières dans la fosse du Labrador, surtout dans le domaine des métaux précieux.

À une centaine de milles au nord de la faille Cadillac et parallèlement à cette dernière, on a fait au cours des dernières années des découvertes importantes de gîtes aurifères dans le canton de Casa Bérardi. Cela vient s'ajouter à d'anciennes exploitations situées à la même latitude mais plus à l'est, comme Mines Poirier et Joutel ainsi que d'autres bien vivantes, telle que Agnico Eagle, l'une des plus importantes mines d'or du Québec. Là encore, on retrouve ces gîtes minéralisés le long d'un accident géologique qui ressemble à la faille Cadillac, en se prolongeant vers l'ouest du côté de l'Ontario à la hauteur de Porcupine.

Un peu plus au nord, on retrouve, comme vous le savez, les Mines Selbaie et le district de Matagami où de nouvelles découvertes ont été effectuées dernièrement. Plus à l'est, toute la région de Chibougamau qui semble présentement sur son déclin, mais pourrait revivre si le prix des métaux usuels se raffermissait sur le marché mondial, comme il en donne présentement des signes.

Enfin, avec l'augmentation du prix de l'or et la contribution de certains autres facteurs favorables, dont j'aimerais dire un mot plus tard, on assiste présentement à un renouveau extraordinaire de l'activité minière dans des régions qui, après avoir été patrouillées en tous sens par les prospecteurs pendant les soixante dernières années, semblent receler autant de ressources qu'originellement. C'est le cas entre autres, des régions de Val d'Or, Malartic, Cadillac et Rouyn-Noranda. Le magazine *Northern Miner*, dans sa publication de septembre 1987, annonçait qu'en plus des nouvelles mines déjà en opération, pas moins de trente-quatre gîtes aurifères avaient été repérés dans le Nord-Ouest québécois, dont huit avaient 90 % de chances d'être en production avant 1990, alors que, pour quatorze autres, les chances d'être exploités se situaient entre 50 % et 90 % et que ces chances diminuaient à moins de 50% pour les douze dernières. À cette liste, je pourrais très bien ajouter facilement deux ou trois gîtes aurifères, non mentionnés par le *Northern Miner*, mais qui ont d'excellentes chances de devenir des mines d'or additionnelles au début des années 1990, en plus de tous les autres gîtes qui ne manqueront pas d'être découverts dans les prochaines années, si les activités d'exploration se continuent au même rythme.

Il est difficile de faire des prédictions dans le domaine de l'exploitation minérale et à ce sujet, beaucoup d'Abitibiens se rappellent les noirs pronostics qui circulaient à la fin des années 60 au sujet du potentiel minier de leur région.

Toutefois, cela ne signifie pas que l'expérience du passé ne puisse, dans certains domaines particuliers, nous enseigner certaines leçons: c'est ainsi que les nouvelles découvertes effectuées sur des territoires maintes fois explorés, comme c'est le cas en Abitibi présentement, devraient nous apprendre à être moins pessimistes au sujet des possibilités de gîtes minéralisés sur notre territoire. Après avoir observé le comportement du secteur minier pendant une bonne quarantaine d'années au Québec, je suis tout à fait à l'aise pour déclarer que les possibilités de richesses minérales que recèle le territoire québécois sont encore immenses et qu'en période de conditions favorables, ces richesses pourront être exploitées à profit pendant encore bien des décennies.

Vous remarquerez cependant que j'y mets une condition sine qua non. Il faut, pour exploiter ces ressources d'une façon profitable, qu'un certain nombre de facteurs favorables puissent être réunis en même temps. Par exemple, un marché international intéressant, tant au niveau des prix que de la demande, comme c'est présentement le cas pour l'or et les autres métaux précieux. En second lieu, il faut que les politiques gouvernementales, fiscales et autres, soient orientées vers la stimulation de l'exploration du territoire, en facilitant l'apport de financement pour ces opérations à haut risque.

Au début des années 50, on a connu un développement minier extraordinaire sur la Côte-Nord, alors que la réunion de plusieurs facteurs favorables a permis l'exploitation des immenses gîtes de minerai de fer situés au lac Knob, au lac Carol, au lac Babel et au lac Fire, exploitation qui s'est soldée par un investissement global de quelque 3 milliards de dollars sur une période de vingt ans. Ces facteurs étaient: une grande demande pour le minerai de fer à l'époque, la baisse des réserves de minerai de fer aux États-Unis, l'attrait de dépôts à haute teneur dans la région de Schefferville et enfin, des politiques attrayantes de la part du gouvernement québécois d'alors. Sans la réunion de tous ces facteurs, je crois bien qu'aucune compagnie ou groupe financier n'aurait pris le risque d'investir des sommes énormes dans la construction de plusieurs centaines de milles de chemin de fer, d'aménager des villes dans le Grand Nord et des facilités portuaires à Sept-Iles et à Port-Cartier.

Les infrastructures sont évidemment absolument nécessaires à l'exploitation des ressources. Dans le cas de l'exploitation du minerai de fer de la Côte-Nord, les avantages semblaient assez évidents pour que les compagnies intéressées se chargent elles-mêmes de ces infrastructures; en d'autres circonstances, cependant, il revient aux gouvernements de les établir. Encore faut-il, si l'on veut pousser l'exploitation des ressources, que ces infrastructures soient établies en temps propice. Ce n'est pas exactement ce qu'on a pu constater lorsque la route Baie-Comeau - Fermont a été complétée après la disparition de Gagnon!

Il en va de même pour les autres facteurs favorables et il faut regretter, par exemple, que les mesures incitatives pour promouvoir l'exploration dans la fosse du Labrador n'aient été annoncées que peu de temps avant la fermeture de Schefferville, alors qu'elles auraient dû faire partie des priorités gouvernementales vingt ans auparavant, quand les infrastructures dans cette région étaient au maximum de leur efficacité.

Je me dois d'ajouter cependant, que dans le Nord-Ouest québécois,les initiatives gouvernementales ont été beaucoup plus heureuses pour le développement des ressources minérales du territoire.

Le développement minier dont nous sommes présentement témoins en Abitibi a eu évidemment comme source principale l'augmentation phénoménale du prix de l'or. Cependant, la bougie d'allumage qui a initié ce développement a été, de toute évidence, les politiques fiscales, d'abord mises en place par le gouvernement québécois en 1979 et 1980 et faiblement imitées par la suite en 1985, par le gouvernement canadien.

Ces politiques ont moussé le financement de l'exploration minière par l'intermédiaire de sociétés en commandite et d'actions accréditives en attachant des déductions fiscales importantes à ces financements.

Ce programme, comme vous pouvez le constater, a été et est encore un énorme succès, non seulement par les capitaux très importants qu'il a canalisés vers l'exploration minière (plus de 263 millions de dollars en 1986 et plus de 400 millions de dollars en 1987), mais surtout parce qu'il a fait prendre conscience à la population québécoise de l'immensité de ses ressources minérales et de sa capacité à participer à leur mise en valeur. Présentement, l'exploration et l'exploitation minière ne sont plus la chasse gardée d'un certain groupe d'investisseurs très sélect, dont les Québécois faisaient naguère très peu partie.

Malheureusement, nos gouvernements ont amorcé la diminution, sinon l'élimination de ce programme. Le Québec a ramené de 166 à 133 % les déductions fiscales dans le cas des investissements à des fins d'exploration minière et le gouvernement fédéral doit ramener ces déductions de 133 à 100 % l'an prochain.

Certaines autorités gouvernementales trouvent que le programme coûte trop cher en perte d'impôts mais semblent oublier l'apport additionnel de revenus provenant des nouveaux emplois créés. Il s'agit de prendre conscience que le taux de chômage a été réduit à 7 % dans le Nord-Ouest québécois, principalement à cause des nouveaux investissements miniers, pour se rendre compte que les sacrifices fiscaux invoqués n'ont pas été faits en pure perte.

Cette participation québécoise dans le financement de l'activité minière au Québec pourra-t-elle continuer avec la même intensité après la disparition des stimulants fiscaux? Il faut en douter sérieusement, surtout avec l'avènement du libre échange qui assurera la libre circulation de capitaux américains. Les ressources minérales seront toujours là, mais seront-elles dans l'avenir exploitées avec autant d'enthousiasme que présentement et au profit de qui?

Ce sont des questions auxquelles il m'est impossible de répondre. J'aperçois les nuages s'amonceler à l'horizon.

NOTES BIOGRAPHIQUES

LOUIS-GONZAGUE LANGLOIS

Monsieur Langlois a fait ses études à l'Université Laval de Québec où il reçoit un B.S.A. en génie minier en 1946.

Il a exercé tout d'abord sa profession dans le Nord-Ouest du Québec, où durant dix ans, il est au service de la Sullivan Consolidated Gold Mines, comme ingénieur, contremaître sous terre, puis surintendant de la mine. En 1956, M. Langlois passe à la mine Molybdenite Corporation of Canada, où il est tout d'abord assistant directeur, pour accéder, en 1960, au poste de directeur de cette opération minière. À l'automne 1962, il accepte l'emploi d'assistant secrétaire général avec l'Association des mines de métaux du Québec et, en 1964, il en devient le secrétaire général, puis le directeur général jusqu'au 1er janvier 1986, date de sa retraite après 40 ans de service dans l'industrie minière.

Au cours des vingt-trois années pendant lesquelles il a oeuvré pour l'Association, il a eu l'occasion de piloter, auprès de différents ministères du gouvernement québécois, un grand nombre de dossiers concernant entre autres la loi des mines, l'énergie, la fiscalité minière, les relations industrielles, la santé et la sécurité au travail, l'enseignement professionnel et même l'utilisation du français comme langue de travail.

Monsieur Langlois est membre de l'Ordre des ingénieurs.

PERSPECTIVES DE DÉVELOPPEMENT FORESTIER DANS LE NORD DE L'ABITIBI

JEAN PERRON

PRÉSIDENT
NORMICK PERRON INC.

RÉSUMÉ

Le territoire forestier s'étend entre le 50ᵉ et le 53ᵉ parallèle et couvre la province d'est en ouest. L'Abitibi-Témiscamingue, région limitrophe, est dotée d'une structure industrielle forte: vingt usines de sciage, trois usines de pâtes et papier, deux usines de panneaux gaufrés, une usine de panneaux de particules et une usine de contre-plaqué. Une nouvelle loi sur les forêts redéfinira les territoires d'approvisionnement des usines de la région. Une rareté d'arbres de dimensions propres au sciage est à prévoir. L'industrie régionale devra s'axer davantage vers les pâtes et papier. Le volume de bois marchand que représente la forêt nordique est évalué à 150 millions de mètres cubes et 90 % de ces arbres sont destinés à la fabrication de pâtes et papier. Malgré l'existence d'un potentiel forestier très intéressant dans le Nord, l'exploitation et l'aménagement de ces forêts sont subordonnés à la recherche et au développement de méthodes adaptées aux conditions environnementales particulières; et aussi, tout développement devra se faire dans le respect des aspirations des populations concernées.

ABSTRACT

The northern forest territory extends from the 50th to the 53rd parallel and covers province from the east to west.

Abitibi-Témiscamingue which borders this territory is equipped with a strong industrial base: twenty sawmills, three pulp and paper mills, two waferboard mills, one panel board mill and one plywood mill. The new Act on forests will redefine the supply territories of the region's mills. A shortage of trees with sizes adequate for sawing is to be expected. The regional industry will be forced to look much more towards pulp and paper. The marketable volume of wood which the Northern forest represents is estimated at 150 million cubic metres, and 90% of these trees are destined for pulp and paper manufacturing.

In spite of the existence of a very interesting forestry potential to the north, the exploitation and planning of these forests is second to the research and development of methods adapted to particular environmental conditions. Thus, any development will be conditional to the respect of the aspirations of the populations involved.

C'est avec un grand plaisir que j'ai accepté de vous adresser la parole aujourd'hui dans le cadre de ce symposium international sur l'avenir du Nord québécois. J'aimerais tout d'abord féliciter chaleureusement les organisateurs de ce symposium pour leur magnifique initiative. Je pense qu'ils sont des gens de grandes visions et je partage moi aussi ces mêmes visions.

J'aimerais vous rappeler qu'il y a cinquante ans, les gens de Montréal et Québec parlaient de l'Abitibi comme étant le Nord de la province. On pointait l'Abitibi comme une région froide, hostile et presque impossible à développer. Regardez aujourd'hui! Nous sommes au coeur d'une région prospère et nous jouissons d'une très belle qualité de vie. Cela nous le devons à des visionnaires et des bâtisseurs qui ont cru au potentiel du Nord à cette époque.

Nous sommes tous ici aujourd'hui dans la même situation. Nous considérons maintenant l'Abitibi comme étant le Sud. Le développement qu'elle a connu durant ces cinquante dernières années a eu pour effet de refouler la frontière du Nord jusqu'au 49e parallèle.

L'avenir est là et ce n'est pas rêver en couleurs que de vouloir développer le Nord; tout comme l'ont fait les bâtisseurs de l'Abitibi. Je pense qu'un symposium comme celui-ci est une merveilleuse occasion de parler de l'avenir d'un territoire qui représente, après tout, 67 % de la superficie totale du Québec.

Je vous propose donc, durant le très peu de temps qui m'est alloué, d'examiner l'avenir forestier du Nord sous trois aspects:

1. la localisation du Nord forestier;

2. l'identification du potentiel forestier;

3. les perspectives de développement.

LOCALISATION ET CONTEXTE

Le Nord québécois, tel qu'il est défini dans le cadre de ce symposium, est un immense territoire et comprend toute la partie de la province de Québec qui est située au nord du 49e parallèle.

Cependant, lorsqu'on aborde l'aspect forestier du Nord, il faut réduire considérablement ce territoire à une zone comprise entre le 50e et le 53e parallèle et qui traverse la province d'est en ouest. C'est la zone hachurée que vous pouvez voir sur la carte à la page 256. Le 53ᵉ parallèle est la limite nord de la forêt commerciale qu'il est possible d'exploiter.

Mes connaissances de l'ensemble de cette zone sont limitées et c'est pourquoi j'ai préféré aujourd'hui vous parler de la partie que je connais le mieux, c'est-à-dire, celle qui est située directement au dessus de l'Abitibi-Témiscamingue. C'est ce territoire qui est identifié comme "Potentiel forestier à développer" sur la même carte.

J'ai retenu également ce territoire car l'Abitibi-Témiscamingue, en tant que région limitrophe, aura sans aucun doute un rôle important à jouer dans le développement de cette zone.

Le développement forestier, ça signifie, pour moi, créer une activité industrielle qui s'ajoute à celles que nous avons déjà au Québec et plus particulièrement en Abitibi-Témiscamingue. Dans cette perspective, et afin de bien peser le potentiel de développement forestier du Nord, il faut d'abord, je pense, clarifier son statut en regard du nouveau contexte forestier de notre région.

Au niveau forestier, l'Abitibi-Témiscamingue est dotée actuellement d'une structure industrielle forte qui est constituée de vingt usines de sciage, trois usines de pâtes et papier, deux usines de panneaux gaufrés, une usine de panneaux de particules et une usine de contreplaqué.

ZONE ÉCOLOGIQUE DU QUÉBEC

Pour approvisionner ces usines en matières premières, les entrepreneurs de la région récoltent chaque année près du quart de tous les bois résineux coupés au Québec. L'activité industrielle forestière est extrêmement importante pour notre région et est axée historiquement surtout sur le bois d'oeuvre.

Le gouvernement du Québec a mis en vigueur, en avril dernier, une nouvelle loi sur les forêts qui va bientôt redéfinir en entier les territoires d'approvisionnement des usines de la région et métamorphoser les industriels forestiers en aménagistes. Ces derniers devront en effet remettre en état de production de matière ligneuse toutes les superficies récoltées chaque année afin d'exploiter la forêt sur une base de rendement soutenu.

Par ailleurs, pour atteindre ce rendement soutenu, le ministère de l'Énergie et des Ressources a réévalué à la baisse nos quantités d'approvisionnement en bois; de plus, un examen rapide de nos territoires de récolte laisse entrevoir une rareté d'arbres de dimensions propres au sciage.

Face à cette nouvelle réalité forestière, l'industrie régionale devra axer davantage sa transformation vers les pâtes et papier, puisque la fibre dont nous disposons aujourd'hui est surtout de qualité pâte et que la fibre que nous procurera à moyen terme l'aménagement forestier sera aussi de qualité pâte. À moyen terme les arbres n'auront pas encore atteint une dimension propre au sciage.

Compte tenu de cette nouvelle orientation, de la transformation et de la réalisation de certains travaux d'aménagement adéquats, je suis convaincu qu'il sera possible d'exploiter les forêts de l'Abitibi-Témiscamingue, au sud du 50e parallèle, sur une base de rendement soutenu et de maintenir ou d'augmenter l'activité économique pour le plus grand bien de la population de la région.

Par conséquent, la forêt située au nord du 50e parallèle n'est pas considérée comme une forêt d'appoint par l'industrie régionale et représente réellement un potentiel additionnel qui ne demande qu'à être développé.

LE POTENTIEL FORESTIER

Quel est-il ce potentiel forestier? Le territoire forestier que j'ai retenu s'étend sur une superficie d'environ 50 000 km². Il est en partie inacessible et on ne peut vraiment l'apprécier qu'à vol d'oiseau. On peut y observer un relief façonné par l'action des glaciers et sillonné de rivières tranquilles ou torrentueuses qui coulent parallèlement en direction de la baie James.

On y rencontre aussi de vastes étendues de tourbières, très mouillées. Le terrain est tantôt plat, mal drainé, composé d'argile recouvert d'humus, et tantôt ondulé par la présence d'affleurements rocheux, ce qui fait que l'ensemble de ce territoire est très sensible aux perturbations.

La forêt qui y pousse s'est surtout établie sur les sites les mieux drainés ainsi que le long des ruisseaux et des cours d'eau. Ce n'est pas une forêt continue. C'est une forêt résineuse parvenue à maturité et dominée par l'épinette noire. Les feuillus, lorsqu'il y en a, sont en quantité négligeable.

Un climat rude ainsi qu'un drainage parfois insuffisant et parfois excessif ralentissent la croissance de ces arbres, de sorte qu'ils sont de petites dimensions et que leurs fibres sont très denses comparativement à celles des arbres qui poussent plus vers le Sud.

Le volume de bois marchand que représente actuellement la forêt que je viens de décrire est évalué à environ 150 millions de mètres cubes, selon les plus récentes données d'inventaire forestier du ministère de l'Énergie et des Ressources du Québec.

Ces mêmes données révèlent que, d'une part, 90 % de ce volume est constitué d'arbres parvenus à maturité, donc prêts à être récoltés, et que, d'autre part, seulement 10 % de ce même volume est constitué d'arbres dont les dimensions sont acceptables pour le sciage. Le reste, malgré des dimensions réduites, présente des qualités de fibre très recherchées par l'industrie des pâtes et papier.

Il est bien évident qu'on ne pourra pas récolter tout ce bois sans se soucier de l'avenir. Il faudra là aussi respecter le principe du rendement soutenu. Cela veut dire, par exemple, que s'il était possible de calculer une période de renouvellement de la forêt de 100 ans, le potentiel forestier au Nord de l'Abitibi serait, théoriquement, de 1,5 million de mètres cubes de résineux chaque année.

Toutefois je dois mentionner que ce volume potentiel annuel est restrictif, puisqu'il a été évalué selon des critères basés sur la technologie actuelle de récolte et de transformation des bois en bois d'oeuvre et en pâte. C'est-à-dire que les branches, les houppiers et les arbres de très petites dimensions ne sont pas inclus dans ce volume.

Que deviendrait le potentiel forestier de ce même territoire si la technologie évoluait de façon à ce qu'on puisse considérer toute cette fibre aujourd'hui délaissée? Une étude réalisée en ce sens a montré que ce potentiel pourrait doubler et passer à près de 3 millions de mètres cubes de fibres par année.

Ne soyons pas trop optimistes et gardons à l'esprit seulement le volume annuel de 1,5 million de mètres cubes de bois marchand. Comment pourrait être développé ce potentiel?

LES PERSPECTIVES DE DÉVELOPPEMENT

Cette fibre, comme je l'ai mentionné, est très recherchée par l'industrie des pâtes et papier et devrait, je pense, être transformée par cette industrie. Cependant, aujourd'hui, je ne suis pas en mesure de proposer un projet de développement qui va en ce sens. Je ne sais ni où, ni quand, ni comment, ni par qui cela pourrait se faire. Mais je sais une chose, c'est qu'il faut être prudent; il faut évaluer beaucoup mieux la situation.

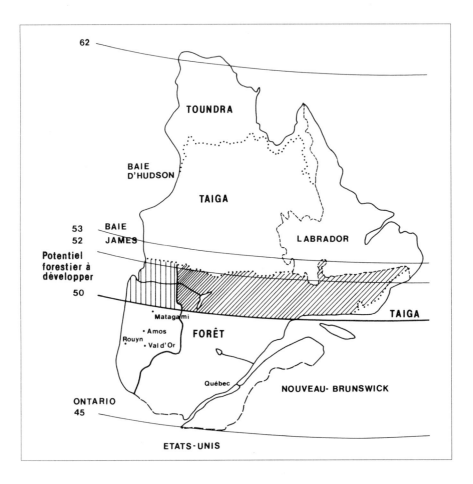

Nous avons jusqu'à présent identifié l'existence d'un potentiel forestier très intéressant, car il pourrait approvisionner, par exemple, trois usines de papier comme celle de Donohue-Normick inc. à Amos, créer environ 1200 emplois directs et générer d'importantes retombées économiques. Mais, soyons prudents, je pense que nous avons un long chemin à parcourir pour en arriver là.

Réaliser de tels projets exige des bases économiques connues. Il faut un approvisionnement assuré, une méthode de récolte et de transformation rentable en fonction d'un marché susceptible de résorber cette production. Ce développement devra se faire à moyen et à long terme parce que tous les facteurs nécessaires à la réussite ne sont pas suffisamment connus aujourd'hui.

Notre connaissance forestière de ce territoire nordique est trop limitée. Nous devons tout d'abord inventorier la ressource de façon beaucoup plus rigoureuse afin de quantifier avec précision ce potentiel qui pour l'instant nous fait rêver. S'il est bien réel, il faudra explorer les marchés, réaliser des études de faisabilité et de rentabilité.

Il faudra également approfondir nos connaissances écologiques de ce milieu fragile et très sensible aux perturbations. Nous devrons expérimenter des méthodes de récolte plus appropriées à ces boisés et qui permettront une protection maximale des sols.

Il faudra réaliser des travaux d'aménagement dans ces territoires, drainer les sites les plus prometteurs et bien analyser les résultats de ces expériences afin d'améliorer si possible la production du milieu.

Il faudra développer une infrastructure routière pour donner accès à ce territoire. Il faudra peut-être ramasser toute la fibre au moment de la récolte afin de rentabiliser davantage cette opération.

Comme vous pouvez le constater, tout est ouvert à la recherche, car il y a beaucoup de difficultés et de problèmes à résoudre en regard de l'exploitation et de l'aménagement des forêts nordiques. C'est nouveau pour nous. Je n'ai pas aujourd'hui la clef du développement forestier du Nord de l'Abitibi-Témiscamingue, mais ma longue expérience d'industriel forestier m'incite à la prudence devant tant de facteurs inconnus.

Ce symposium est un excellent point de départ pour nous permettre de mettre à jour, de réévaluer nos connaissances des régions nordiques et d'en mesurer les faiblesses.

Quoi qu'il en soit, une chose est très importante pour moi, c'est que peu importent les études ou travaux réalisés dans le Nord, tout, et je dis bien tout, doit se faire dans le plus grand respect des aspirations des populations concernées et aussi dans le plus grand respect de l'écologie de ce territoire froid, hostile, mais très fascinant.

Encore une fois, j'espère que ces propos sauront alimenter vos réflexions et, sur ce, je vous remercie de votre bienveillante attention.

NOTES BIOGRAPHIQUES

JEAN PERRON

Jean Perron est reçu C.G.A. à l'Université Laval en 1956. En 1957, il obtient son MBA de l'université Western de London en Ontario.

Il travaille à l'entreprise familiale dès 1957; il est responsable des ventes. Entre 1965 et 1973, il assure la direction de l'entreprise à titre de vice-président, Opérations. En 1973, l'entreprise devient publique et est inscrite à la bourse sous la dénomination sociale de Normick Perron inc. Il en devient alors président et chef des opérations, poste qu'il occupe encore aujourd'hui.

Le leadership de Jean Perron ne s'exerce pourtant pas exclusivement à l'intérieur de l'entreprise. À compter de 1973, on le retrouvera à la direction ou au conseil d'administration d'organismes ou d'entreprises d'envergure nationale. En 1975, il sera nommé président de l'Association canadienne de l'industrie du bois. En 1978, il sera désigné président de l'Association des manufacturiers de bois de sciage du Québec. Depuis 1976, il est membre du conseil d'administration et du comité exécutif de Corporation gestion La Vérendrye; de 1979 à 1983, membre du conseil d'administration d'Air Canada; depuis 1981, membre du conseil d'administration de Quebecor ainsi que des Industries MacLaren et de la compagnie d'assurence La Laurentienne.

En 1986, l'Université du Québec en Abitibi-Témiscamingue lui décerne un doctorat honorifique, la plus haute distinction universitaire, en reconnaissance de sa contribution substantielle au dynamisme économique régional.

LE DÉVELOPPEMENT ÉCONOMIQUE: QUELQUES CONSIDÉRATIONS ENVIRONNEMENTALES ET SOCIALES

PAUL WILKINSON

CONSULTANT EN ENVIRONNEMENT

RÉSUMÉ

La conférence de monsieur Paul Wilkinson ne se veut surtout pas un jugement global et universel de la qualité des régimes de protection environnementale. Nous avons droit à une histoire de ces régimes, à la description du contenu et à un nombre restreint de suggestions.

Les régimes actuels se retrouvent à l'intérieur des chapitres de la Convention de la Baie James et du Nord québécois. Nous avons là les résultats d'un processus de négociation basé sur des compromis, donc ils sont imparfaits.

Ils se subdivisent en deux parties, soit au nord du 55ᵉ parallèle et au sud, sauf le secteur de Schefferville.

Les gouvernements canadien et québécois interviennent en fonction de leurs responsabilités respectives. Contrairement au gouvernement canadien, le Québec a changé la Loi sur la qualité de l'environnement afin de s'adapter à la situation des ententes.

Tout ceci s'articule à l'intérieur de listes de projets et de comités qui n'ont pas de pouvoir décisionnel, cette partie appartenant aux gouvernements. Monsieur Wilkinson constate qu'il y a trop de politiques et absence de critères obligatoires et contraignants.

Les régimes environnementaux doivent inclure des prévisions pour les autochtones, la faune, le tourisme, etc. Il faut conserver la qualité de la vie.

Du côté économique, il faut accepter les objectifs à long terme, les incidences des projets en cause. On doit posséder une vision concrète du développement du Nord. La stabilité est nécessaire pour la protection de l'environnement. Monsieur Wilkinson affirme qu'il nous manque des données importantes, appropriées et que nous devons penser à créer une banque de données centralisées pour bien les gérer, les examiner.

Les régimes actuels manquent de souplesse, ils sont constitués pour les grands projets, pas pour ceux de moindre importance.

Les autochtones ont deux voies: la politique ou la protection de l'environnement; ils choisissent la politique, la consultation, ce qui est, d'après monsieur Wilkinson, malheureux. Il y a donc un manque de planification à long terme; il ne faut plus de Gagnon, de Schefferville.

ABSTRACT

Mr. Paul Wilkinson's conference should not have been perceived as a global and universal judgement of the quality of environmental protection regimes. Rather, Mr. Wilkinson presented a history of these regimes, a description of their contents and proposed a few suggestions.

The present regimes are found within the chapters of the James Bay and Northern Quebec Agreement. Here, we are in the presence of results emanating from a process of negotiation based on compromise and thus faulty.

They are divided into two parts, i.e. North of the 55th parallel and to the South, except for the Schefferville sector.

The Canadian and Quebec governments intervene according to their respective responsibilities. Unlike the Canadian government, Quebec has modified the Act respecting environmental quality so as to adapt itself to the state of the agreements.

All of this is articulated around lists of projets and committees which have no power of decision; this part of the question is of the governments' recourse. Mr. Wilkinson noted that politics are overpowering and constraining; mandatory criteria are absent.

Environmental regimes must make provision for the natives, fauna, tourism, etc. Quality of life must be respected and preserved.

On the economic side, we must accept long-term objectives; the incidences of the projects under scrutiny. We must arm ourselves with a realistic outlook on the subject of Northern Development. Stability is necessary for environmental protection. Mr. Wilkinson stated that we miss important and appropriate data; we must envisage the creation of a centralized data base to manage and examine this information fully.

The present regimes are not supple enough. They have been set up for bigger projects, not for those of less importance.

The natives have two paths: politics or environmental protection; they have chosen politics, consultation, which is unfortunate, according to Mr. Wilkinson. Consequently, planning is amiss; we must not be confronted with more situations like those of Gagnon and Schefferville.

J'ai été invité comme conférencier à la toute dernière minute et je considère que les organisateurs m'ont lancé un défi difficile à relever.

Ils s'attendent à ce que je suggère, s'il y a lieu, des moyens de mieux concilier le développement futur et la protection du milieu naturel et social.

Or, il me semble que la seule façon réaliste de proposer des améliorations est de passer en revue les premières années de la mise en vigueur des régimes de protection environnementale établis par la Convention de la Baie-James et du Nord québécois. Mais si on le fait il faut nécessairement souligner les faiblesses et les lacunes de ces régimes plutôt que leurs points forts, ce qui comporte, à mon avis, deux risques: premièrement, de donner une fausse image de ces régimes et, deuxièmement, d'antagoniser les instances autant gouvernementales qu'autochtones, ainsi que les particuliers responsables de la mise en application de ces régimes, au point où ils refuseraient d'accepter ou même d'écouter attentivement les modifications proposées.

Le défi est difficile pour une raison moins complexe: je n'ai que dix minutes pour passer en revue et évaluer deux régimes distincts et leurs performance sur une période de presque douze mois.

Afin de réduire au minimum tous ces risques, je veux souligner dès le départ que je ne tenterais pas de porter un jugement global sur la qualité ou l'efficacité de la mise en oeuvre des régimes de protection environnementale. Plusieurs commentaires pertinents ont déjà été faits à ce sujet, ce qui me facilite la tâche.

Par exemple, le chef Kitchen nous a mentionné hier que, sous sa forme actuelle, le régime de protection environnementale établi par le chapitre 22 de la CBJNQ ne peut pas adéquatement protéger le milieu naturel et social face aux gros projets de développement en foresterie. D'autres intervenants affirment que, face aux projets hydro-électriques, les régimes sont inadéquats. Toutefois, je laisse à des spécialistes la responsabilité de se prononcer de façon plus détaillée et plus définitive.

J'ai tenté de simplifier ma tâche en limitant la portée de mon intervention à trois éléments: premièrement, une très courte histoire des origines des régimes; deuxièmement, une description très brève de leur contenu et de leur fonctionnement; et finalement, un nombre très restreint de suggestions quant aux améliorations qu'il serait à mon avis réaliste d'y apporter plus ou moins immédiatement.

Ces régimes ont des origines claires et simples. Ils sont issus des chapitres 22 et 23 de la Convention de la Baie James et du Nord québécois. Il faut donc reconnaître honnêtement et ouvertement notre endettement envers les autochtones, particulièrement les Cris et les Inuit, car ce sont eux qui ont insisté pour que leur convention contienne de telles dispositions, et c'est en grande partie les autochtones qui les ont conçues et formulées.

Il est important de mentionner ces origines parce qu'il faut bien comprendre que les régimes sont issus d'un processus de négociations, parfois amer, toujours compliqué. Il s'ensuit que les régimes avec lesquels nous vivons aujourd'hui sont des compromis et il faut donc s'attendre à ce qu'ils soient imparfaits.

La CBJNQ a créé deux régimes, l'un qui s'applique au nord du 55e parallèle, l'autre qui s'applique au sud, sauf que la région de Schefferville est exclue des deux. Chaque régime comporte un volet québécois et un volet canadien, ces volets étant le reflet des juridictions et des compétences respectives des deux paliers de gouvernement. Je ne traiterai pas ici des différences entre les régimes parce qu'elles sont relativement mineures.

Je noterai toutefois qu'une fois la CBJNQ approuvée et mise en vigueur, le gouvernement du Québec a modifié la Loi sur la qualité de l'environnement et adopté plusieurs règlements pour donner force de loi au régime provincial. Pour ce qui est du volet fédéral, toutefois, aucune loi équivalente n'a été adoptée, et le document de base demeure les deux chapitres de la CBJNQ.

Les régimes sont basés sur le concept d'auto-évaluation, c'est-à-dire que la personne ou l'organisme qui veut réaliser un projet de développement est responsable de faire ou de faire faire les études nécessaires. L'élément de base des régimes consiste en deux listes, l'une constituée des projets qui sont automatiquement soumis au processus d'évaluation, l'autre de ceux qui en sont automatiquement soustraits. Les projets qui ne figurent ni sur l'une ni sur l'autre des listes sont étudiés et peuvent être soumis à une évaluation détaillée ou en être soustraits.

Sans entrer dans le détail, je note tout simplement que chaque régime est doté d'un nombre suffisant de comités pour en assurer la mise en oeuvre et aussi pour surveiller l'évolution du processus d'évaluation lui-même, la législation portant sur l'aménagement du territoire et, bien sûr, les événements qui se déroulent sur le territoire. Par contre, ces comités détiennent très peu de pouvoir décisionnel et la plupart des décisions sont prises par le gouvernement responsable.

Having given a brief review of the history and substance of the regimes, I would now like to pass on a few suggestions as to how they might be improved. I have chosen the first two suggestions in the hope that they may begin in some small way to close the circle that was opened by Professor Hamelin two days ago.

The first suggestion stems from my observation–and I have participated in the review process as a consultant doing impact studies, as an intervenor representing native populations in the face of development projects and also as a member of the bodies responsible for reviewing the projects aware that, in a very important way, the review process operates in a vacuum.

I do not mean that it operates in the absence of policy, for it could be argued that there are far too many policies and that they are often mutually contradictory or inconsistent. When I say that the regime operates in a vacuum, I mean, rather, that it operates in the absence of what I would call a pre-established binding, and enforcable set of criteria against which the impacts of developments must be judged.

Let me give a few examples of what I mean: we have heard in the past two days many assertions about the importance of harvesting for the native people in the past, today, and in the future. But if we want to make the environmental regime work, we have to go much further than simple assertions. First, we have got to have dates and projections.

What are the needs of the native people for wildlife today, and what will they be fifteen, twenty-five, and fifty years from now?

Where will they be hunting, fishing, and trapping in future? What is the present status of wildlife populations, and how are they likely to evolve in the future?

Monsieur Jamet has talked to us about the importance of wildlife in relation to northern tourism. But I think we need to know now what we need in the future in terms of the size, quality, composition and distribution of wildlife populations in order to attract tourists.

We have talked in general terms about economic development, but we need to go further and to agree upon concrete, long term objectives for the development of infrastructure and the creation of jobs in the territory.

Once we have identified and agreed upon our vision of the North, that vision must be formalized and ratified, and it must become the standard against which the environmental and social impacts of future developments should be judged. Above all, that vision must take precedence over all conflicting activities, and the environmental regimes must be the principal tool for identifying and resolving those conflicts. Obviously, the process of evaluation must include cultural, ethical and social practices. In environmental assessment, we tend to classify such things as intangible or unquantifiable, and then we go on to forget them. We must, however, develop ways to deal adequately with them. What I am suggesting is, to borrow the terms used by M. Hamelin, that we begin immediately to give concrete expression to a vision or visions of the North and of Nordicité, which then becomes a binding contract between the State and its citizens and is protected against changes for political, budgetary, and other reasons. I suggest that it is the only way to provide the needed stability that environmental regimes need in order to work.

My second point is that there is a gross lack of basic data in the light of which the impacts of developments can be assessed. Data collection often begins when it is too late, namely when the suggested development has been announced. I suggest this Conference should address itself to making recommendations for the immediate implementation of an adequate, ongoing data-collection process, so as to answer that the baseline data required for adequate impact assessment are available in the future. More specifically, I propose the creation of a centralized data bank, and I see this enterprise is being one in which Quebec universities, native people, business, and Government could collaborate.

Good examples of such data banks already exist, that of the North Slope Borough in Alaska being one.

Thirdly, the present regimes of environmental protection make too little provision for post-project monitoring, particularly for the monitoring and evaluation of long-term social impacts. In the case of La Grande Phase I, the James Bay Energy Corporation and Hydro-Quebec refused to undertake an overall evaluation of the social impacts, despite a recommendation to that effect from the Environmental Experts Committee.

Fourthly, there is a lack of time and money for intervenors, particularly small third parties and individuals, to participate meaningfully in the process of evaluation.

Fifthly, we have delays that seem to be too long for the promoters and too short for the intervenors, and I think it would be appropriate to revise them.

Sixthly, the process evaluation is hampered in many ways by unnecessarily inflexible minor projects, such as municipal dumps, that are self-evidently needed, subject to the same process of evaluation as gigantic hydro-electric projects.

A further example of the present region is that major changes are regularly made to projects after their approval, and those changes are not usually submitted to the evaluation process.

A rather delicate matter to mention is that most interest groups, including the native peoples, recognize that in dealing with the effects of planned developments they may either use the existing regimes or may employ the political process to achieve their goals.

Perhaps because the esteem of the regimes is not as high as it should be, there is a great temptation to use political means to negociate solutions, thereby by-passing the regimes.

I think that is regrettable. I acknowledge that it may give better results in the short term, and it is easy to understand why some groups do it, but its consequence may be to undermine the regimes in the long term.

We are also faced with the problem that our regimes do not permit us to evaluate adequately the effects outside Quebec of activities undertaken in Quebec or the effects in Quebec of activities undertaken outside.

Finally, as a representative of a group from Schefferville, I must emphasize that insufficient attention is still paid to long term planning to decide, prepare for and identify measures to be taken when the useful life of projects come to an end.

We have seen the consequences of that failure in Schefferville, we have seen them at Gagnon. We have seen them elsewhere in North America and in Scandinavia. I hope that particular attention will be given to ensuring that the human tragedies of Schefferville and Gagnon will not be repeated elsewhere in Northern Quebec.

NOTES BIOGRAPHIQUES

PAUL WILKINSON

Détenteur d'un doctorat en archéologie et en anthropologie de l'Université Cambridge et d'un postdoctorat de l'Université d'Otago en Nouvelle-Zélande, M. Paul Wilkinson est bien connu des milieux scientifiques. Auteur de plusieurs ouvrages et articles scientifiques, ses plus récents écrits portent sur la gestion des ressources fauniques du Nord canadien et québécois. Il fut de 1980 à 1983 directeur associé du Centre de recherches et d'études nordiques de l'Université McGill. Depuis 1975, M. Wilkinson travaille en collaboration avec les populations autochtones naskapies, cries, inuit et attikamek.

De 1975 à 1983, il a successivement occupé les postes de négociateur pour le Conseil de bande naskapie de Schefferville lors de l'élaboration de la Convention du Nord-Est québécois, de directeur exécutif de la Corporation de développement naskapie, de secrétaire-trésorier et de gérant de projet pour la Corporation de relocalisation naskapie. En 1982, il fondait sa propre entreprise de consultation.

Depuis, M. Wilkinson participe à de nombreux comités tels que le Comité de logement, la Corporation de développement MUSK OX, le Comité d'étude des activités militaires aériennes au Labrador et au Québec et le Comité "Atikamek Sipi".

ÉPILOGUE

"Voir le Nord", tel était l'objectif général du Symposium international sur l'avenir du Nord québécois tenu à Amos au mois de novembre 1987. L'assistance nombreuse, assidue et attentive aux travaux du Symposium, aura été mise en présence de réflexions systématiques faisant un généreux étalage de connaissances nordiques en provenance d'ici et d'ailleurs.

Le Symposium a également été l'occasion de réunir les nécessaires attributs d'un dialogue nordique. Longtemps inscrit à l'enseigne d'une somme de monologues, le dialogue nordique a acquis un peu de maturité à travers le Symposium en ce qu'il a mis en relief des différences sur le mode d'échanges. À propos d'avenir, parions que l'affirmation "Le Nord se prend en main" fera longtemps parler d'elle.

Le Symposium, étape d'un dialogue, lieu de riches manifestations culturelles a eu lieu. D'autres étapes sont à franchir, d'autres rencontres d'échanges sont à venir. Les rendez-vous nordiques de demain reposent sur une responsabilité collective à laquelle l'organisation du Symposium n'a pas l'intention de se dérober.

En guise de conclusion, qui mieux que monsieur Louis-Edmond Hamelin pourrait traduire l'essentiel de nos devoirs collectifs:

> *La partie principale c'est de partir avec l'enrichissement mental que nous a procuré le Symposium, d'y réfléchir, d'améliorer sa nordicité mentale, de recevoir les actes qui seront publiés et continuer à s'améliorer au point de vue de la pensée nordique du Québec, et à une prochaine rencontre être en mesure d'aller plus loin. Vive le Nord du Québec.*

REMERCIEMENTS

Administration régionale crie

Association touristique régionale

Béland, Michel

Béton Fortin inc.

Boutique du bureau Gyva inc.

Café du Quai

Chambre de commerce d'Amos

Chevaliers de Colomb d'Amos

Comité de promotion de l'Abitibi-Témiscamingue

Commission scolaire Harricana

Communauté économique régionale Chapais-Chibougamau

Conseil de recherche en sciences humaines du Canada

Conseil économique d'Amos

Corporation de développement industriel et commercial du Rouyn-Noranda régional

Donohue Normick inc.

Équipement commercial Abitibi inc.

F.B.I.

Filles d'Isabelle d'Amos

Fondation de recherche U.Q.A.T.

Garage Tardif ltée

Gareau Auto ltée

Grand conseil des Cris (du Québec)

Hivon, Jacques

Hydro-Québec, région La Grande

I.G.A. Fortier

Imprimerie Gaby

Meubles Raymond inc.

Ministère de l'Environnement

Ministère Loisirs, Chasse et Pêche

Ministre Raymond Savoie

Municipalité de la Baie James

Office de planification et de développement du Québec

Office des congrès et du tourisme d'Amos région

Office du tourisme et des congrès de Val d'Or

Ouellet, Marcel (courtier)

Secrétariat aux Affaires autochtones

Secrétariat d'État

Société de développement de la Baie James

Société des alcools du Québec

Soma Auto

Télébec

Tournoi Midget Amos

Université du Québec en Abitibi-Témiscamingue

Ville d'Amos

Xérox Canada ltée

Louis-Edmond Hamelin et Matthew Coon-Come

De gauche à droite: Pierre Nadeau, Rémi Trudel, Louis-Edmond Hamelin, Laurent Levasseur et Donald Murphy

De gauche à droite: Pierrre Nadeau, Richard Kistabish et Minnie Grey

De gauche à droite: Evgueni Kotchetov, Jacques Vezeau, Peter Burnet, Pierre Perreault, Pierre Nadeau, Georges Frélastre et Eric Solem

Conception et réalisation graphique: LaserLogique

Achevé d'imprimer
en février 1989 sur les presses
des Ateliers Graphiques Marc Veilleux Inc.
Cap-Saint-Ignace, Qué.